*Für Anette,*
*Josephine, Charlotte und Julius*

Thorsten Latzel

# Trotzdem

**Von der geistlichen Kraft zum Widerstand**

**in einer verrückten Welt**

Theologische Impulse 1

# Impressum

Bibliografische Information der Deutschen Nationalbibliothek:
Die Deutsche Nationalbibliothek verzeichnet diese Publikation in der Deutschen Nationalbibliografie; detaillierte bibliografische Daten sind im Internet über http://dnb.dnb.de abrufbar.
© 2019 Thorsten Latzel
Lektorat und Korrektorat: Anette Latzel
Satz und Gestaltung: Rainer Stenzel, Thorsten Latzel
Coverfoto: Gert Altmann, pixabay.com

Herstellung und Verlag: BoD – Books on Demand, Norderstedt
ISBN: 978-3-7504-1326-9

# INHALT

# VORWORT

Dieses Buch ist entstanden aus einem Experiment: Anfang des Jahres 2019 habe ich angefangen, jede Woche einen kleinen Essay zu schreiben oder Früheres wieder neu zu formulieren. Eine Art theologisches Fitness-Training für die Woche: geistlich über das schreiben, was mich selber bewegt.

Entstanden sind persönliche Texte, die davon handeln, wie ich im Horizont meines Glaubens die Welt, mich selbst und Gott verstehe. Oder besser gesagt, wie ich versuche, mit meinen Fragen bezüglich Welt, Gott und mir selbst gedanklich umzugehen. Wie soll ich wissen, was ich glaube, eh' ich lese, was ich schreibe?

Es sind zugleich Übungen in einer anderen Sprachfähigkeit christlichen Glaubens. Ohne Funktion. Ohne Vorgaben. Ohne Verbote. Und – hoffentlich – vor allem ohne langweilige Richtigkeiten. Mein ganz persönlicher Versuch, Worte und Ideen der „Alten" zu putzen, biblische Geschichten neu zu verstehen und aufrichtig zu bleiben – vor Gott und mir selbst.

Über die Evangelische Akademie Frankfurt habe ich die Texte als „Mail zum Sonntag" anderen geschickt, pro Woche ungefähr 12.000. Das Echo war immens. Von vielen Leser/innen habe ich sehr persönliche Antworten erhalten, meistens wertschätzend, mitunter auch kritisch. Mich hat es jedes Mal berührt, wenn mir bekannte wie unbekannte Personen sich auf einen Lese-Dialog mit mir eingelassen haben. Vielen Dank für alles, was ich daraus lernen und mitnehmen durfte!

Von manchen wurde ich aufgefordert, „mehr" daraus zu machen – und die Impulse einmal gesammelt und schön gedruckt zum Nachlesen zu publizieren. Eine echte „Ehren-Urkunde" für das theologische Training! Keinesfalls soll dies für mich aber die lebendig-quirlige Kommunikation ersetzen. Die Gefahr ist, dass die gesetzten Lettern das Leichte verlieren.

Ein Problem war, dass manche Gedanken, die ich blogartig einfach aufgeschrieben habe, ursprünglich nicht von mir stammen. Ich habe irgendwann dazu etwas gelesen, verinnerlicht, vergessen, verwandelt, wiederentdeckt. „Originalität ist nur der Verlust an Quellenkenntnis." (Der Satz stammt, glaube ich, von Goethe.) Ohne die Essays in Fußnoten zu ertränken, habe ich mich bemüht, zumindest die direkten Zitate zu belegen. Für alle anderen Inspirationen, die ich vielen verdanke, aber hier nicht verzeichnen konnte, bitte ich um Nachsicht.

Alle Fehler und Irrtümer sind aber original von mir.

Mein herzlicher Dank gilt Frau Weintz, die den Text jede Woche sorgfältigst gestaltet und mit feinen Nuancen ihres Augenbrauen-Zuckens kommentiert, und vor allem meiner Frau Anette. Sie hat Sie, liebe Leser/innen, und vor allem mich vor dem Schlimmsten bewahrt. Auch wenn manche Gedichte aus ihrer Sicht ein positiveres Ende hätten finden sollen. Danke!

Thorsten Latzel                    Darmstadt, Oktober 2019

# 1. VERSTEH GOTT NICHT SO SCHNELL!

## Wenn Gläubige und Atheisten streiten

Wenn Gläubige und Atheisten streiten, dann frage ich mich oft, auf wessen Seite dabei eigentlich Gott stehen mag. Ich spreche hier nicht von solchen Gesprächen, bei denen man den Eindruck hat: „Heute boxt Unverstand mit Dummheit." Nein, der Fund eines antiken morschen Brettes am Berge Ararat ist noch kein Beleg dafür, dass die Bibel doch recht hat. Und umgekehrt taugen Dinosaurier ebenso wenig für die Widerlegung des Glaubens an Gott. Schöpfungsglaube und Evolutionstheorie lassen sich sehr gut miteinander verbinden. Und das Verhältnis von historischen und erzählerischen Wahrheiten in den alten Glaubensgeschichten (wie z.B. bei der Sintflut) ist etwas komplexer. Solche Gespräche sind schlicht schief, weil man auf beiden Seiten rein gedanklich weiter sein könnte und die eigentlichen „crucial points" gar nicht erreicht.

Es geht mir vielmehr um die tiefergehenden, gehaltvollen Gespräche zwischen Gläubigen und Atheisten. Um solche Gespräche, bei denen sich beide darauf einlassen, von dem zu reden, was sie selbst unbedingt angeht, was sie persönlich betrifft, was Halt und Hoffnung für sie ist, für ihr Leben und ihr Sterben.

Auch hier scheinen mir die „Fronten" nicht so klar zu sein, wie es oft erscheint.

Die Gefahr bei „uns Gläubigen" ist, dass wir Gott allzu oft, allzu schnell und allzu gut verstehen, gleichsam besser als Gott sich selbst. Jesus Christus selbst stirbt am Kreuz, dem Symbol christlichen Glaubens, mit dem Schrei der Gottverlassenheit: „Mein Gott, mein Gott, warum hast Du mich verlassen?" (Mk 16,34; Mt 27,46) Das sollte uns vor einer „vor-frommen" Vereinnahmung Gottes wider dessen Willen bewahren.

Ein Theater-Intendant fragte neulich bei einem öffentlichen Gespräch kritisch an, wo eigentlich die Ambivalenzen in den christlichen Gottesdiensten blieben. Ob die Spannungen nicht (anders als im Theater) immer schon aufgelöst, harmonisiert wären. Wir sind eben alle immer schon irgendwie angenommen. Wir rücken Gott allzu nahe. Verduzen uns mit dem Unbegreiflichen. Und werden weder Gott noch uns noch der Welt in ihrer tiefen Paradoxalität und Widersprüchlichkeit gerecht. In der ZEIT-Beilage „Christ & Welt" gibt es die Kolumne „Der Atheist, der was vermisst". Doch was sollte das für ein Glaube sein, der in dieser Welt so, wie sie ist, nicht „etwas vermissen" würden? Der nicht Gott vermissen würde?

Umgekehrt ist die Gefahr bei den Atheisten, dass sie eben auch Gott allzu oft, allzu schnell und allzu gut verstehen. Oder eben gerade nicht verstehen. Also mit umgekehrten Verstehens-Vorzeichen, aber gleichem Ergebnis, nämlich, mit Gott fertig zu sein. Ich kann es gut verstehen, dass Menschen nicht an Gott glauben. Ich kann aber nicht verstehen, wenn einem dann nichts fehlt. Die vielen Fragen angesichts dessen, dass wir überhaupt sind, dass wir einmal nicht mehr sein werden und dass die Welt, das Leben und wir so sind, wie sie sind. Die Frage, was mit all dem Leid und der Liebe einmal sein wird, die wir in diesem Leben erfahren haben – und die wir anderen beigefügt haben. Das Verzaubert-Sein angesichts der Schönheit der Welt und der Menschen. Das Verzweifelt-Sein angesichts der Scheußlichkeit von beiden. So wie Zweifel, Anfechtung Teil wahrhaftigen Glaubens sind, so sind, meiner Meinung nach, umgekehrt Sehnen, Hoffnung nach dem „großen Vielleicht" Teil wahrhaftigen Atheismus. Oder eben auch das tiefe Leiden daran, dass es Gott nicht gibt.

An der Bibel wird ja mitunter kritisiert, dass sie widersprüchlich sei. Gott sei Dank ist sie es. Wie sollte sie auch nicht voller Ambivalenzen, Brüche, Spannungen sein, wenn sie die Geschichte Gottes mit den Menschen erzählt? In Geschichten aus rund 1.200 Jahren. Von Martin Walser stammt der schöne Begriff „Selbstwiderlegungsernst"[1]. In den Psalmen etwa wird Gott wegen seines Schweigens, seiner Ferne, seines Fehlens auf das heftigste angegangen, herausgefordert, angezweifelt – um ihn dann im nächsten Vers zu loben, zu preisen und ihm zu danken. Oder Hiob. Er ruft im Streit mit seinen frommen Freunden Gott gegen Gott an. Und es sind die allzu gott-gewissen Theologen und Religionsexperten seiner Zeit, mit denen Jesus in den überlieferten Streitgesprächen immer wieder aneinandergerät.

Zum Glauben an den Gekreuzigten gehört die tiefe, anfechtende Erfahrung der Unfähigkeit, ja der Unmöglichkeit zu glauben. Die Leere, die Ferne, das Fehlen Gottes. Es ist nicht das letzte Wort, das hier zu sagen ist. Aber nur, indem es auch gesagt wird, ist der Glaube an die Liebe Gottes in dieser schönen und schrecklichen Welt wahrhaftig zu bewahren. Ein in diesem Sinne „selbst-widersprüchlicher", weil ernsthafter Glaube ist nicht absurd, unvernünftig oder inkonsistent. Aber er ist notwendig paradox, unfertig, voller Anfechtung, Spannung und Zweifel. Er trägt den anderen, den Unglauben, immer auch in sich. Das verleiht den Gesprächen zwischen Gläubigen und Atheisten eine neue Qualität, eine Tiefe der Begegnung, in der die Fronten nicht mehr so klar sind. Und in der Gott – angesichts der grausamen Wirklichkeit von Leid und Gewalt – vielleicht von seinen Bestreitern zweifelnd, kritisch, ungläubig besser verstanden wird als von seinen Verfechtern.

Oder wie es eine Bekannte einmal gesagt hat: „Wenn meine Freunde Gott für die gefundene Parklücke beim Einkaufen danken – wie soll ich Gottes Handeln begreifen, wenn gleichzeitig Flüchtlinge, Frauen, Kinder im Meer ertrinken?"

Nein, ich glaube dem Atheismus nicht einfach seine Gottlosigkeit, so wie ich an der Gott-Sicherheit des Glaubens zweifle. Wir sollen uns kein Bildnis von Gott machen (2. Mose 20,4). Weil er ein Geschehen allumfassender, schöpferischer, versöhnender, verändernder Liebe ist. Weil es zum Wesen dieser Liebe gehört, sich seiner selbst zu entäußern, sich für uns klein zu machen, sich unter seinem Gegenteil zu verbergen. Und weil ich von dieser Liebe eben nicht wahrhaft reden kann, ohne selbst von ihr verändert zu werden.

Darum: Lass uns aufs Neue um Gottes und um des Menschen willen anfangen zu streiten.

***Versteh Gott nicht so schnell.***

*Weil die Welt, das Leben, die Menschen*
*nicht so einfach sind.*
*Weil du selber*
*nicht so einfach bist.*
*Vertraue nicht deinem Unglauben.*
*Und zweifle an deinem Glauben.*
*Du bist dabei in guter Gemeinschaft*
*des Gekreuzigten.*

## 2. VON NACHTDÄMONEN UND DER KUNST ZU SCHLAFEN

### Unter tausend Kissen keine Ruh

*Kann nicht schlafen /*
*Trotz langer Listen von blöd-braven Schafen*
*Wälze bis zum Verrecken /*
*Sorgen, Kissen, Fragen, Decken*
*In Kopf-Labyrinthen ohne Ecken /*
*Zweifel-Zecken in Hader-Hecken*
*Will in die Federn /*
*Lande auf Rädern*
*Und unter tausend Kissen keine Ruh.*

*Bis der Morgen graut /*
*Ewig auf die Uhr geschaut*
*Doch irgendwie, -wann, -wo weg /*
*Träum wild, wirr, wüsten Dreck*
*Renn auf Treppen ohne Ende /*
*Stürz in Tiefen, gegen Wände*
*Komm nicht von der Stelle /*
*Und doch in die Hölle*

*Am Ende des Gangs ein langer Strick /*
*Kaltes Grinsen, eisiger Blick.*
*Und unter tausend Kissen keine Ruh.*

*Schlepp mich schlapp /*
*Fahrig, tranig, madig*
*Durch Runden unverbundener Stunden /*
*Verspannter Blick, verkrampftes Genick*
*Unverhohlen unerholt /*
*Zerzauster Schopf, dröhnender Kopf*
*Müdes Gähnen /*
*Erschöpftes Sehnen*
*Und unter tausend Kissen keine Ruh.*

Jeder vierte bis jeder dritte Deutsche leidet unter Schlafstörungen. Die Studien schwanken je nach Definition und Befragungsansatz. Die Symptome der Schlafstörung (Insomnie) sind vielfältig: Störungen des Schlaf-Wach-Rhythmus, Einschlafprobleme, Nachtangst, Alpträume, Durchschlafprobleme (besonders beliebt bei Männern gehobenen Alters), dauerhaft nicht erholsamer Schlaf, Beine, die nicht zur Ruhe kommen (restless legs), Schlafwandeln, Schlafsucht, wirkliche Schlaflosigkeit, Schlaf-Apnoe. Mit Folgen für Herz-Kreislauf, Bluthochdruck, Leistungsabfall, Übergewicht, Depressionen, psychischen Störungen. Es ist eine Last mit der Rast – gerade in einer dauermobilen Gesellschaft.

Ein krasses Gegenbild dazu ist die Geschichte von der Sturmstillung (Mk 4, 35–41). Da liegt Jesus im Boot und schläft. Mitten im Ungewitter. Während die Jünger rudern, rackern, kämpfen – ohne Rast, ohne Ruhe und ohne Erfolg –, liegt Jesus nur da und schläft.

### Etwas mehr Engagement

*Als die Engel sangen und die Hirten kamen,*
*lag er in der Krippe und schlief.*
*Als der Sturm tobte und die Jünger ruderten,*
*lag er im Boot und schlief.*
*Als die Feinde triumphierten und die Frauen trauerten,*
*lag er im Grab und schlief.*
*Was hätte aus dem Mann werden können.*
*mit ein bisschen mehr Engagement.*

Der schlafende Christus im Sturm. Inmitten von Fallwinden und brechenden Wellen wird er selbst zum Auge des Sturms. Zum ruhenden Pol. Sünde, Tod und Teufel zum Trotz. Ein starkes Sinnbild des Glaubens. *„Und er war hinten im Boot und schlief auf einem Kissen." (Mk 4,38)*

Schlafen können hat viel zu tun mit Glauben. Im Schlafen geht es um ein Lassen. Ein Loslassen. Das Leben aus der Hand zu geben. Aufhören zu machen, zu sorgen, zu planen. Und zugleich gerade so ganz bei sich selbst sein. Realisieren, dass das Leben im Letzten nicht in unseren Händen liegt. Nicht nur in dem Lebensdrittel, das wir im Bett verbringen, sondern insgesamt.

Schlafen ist wie Beten mit dem Körper. Nicht umsonst ist der Abend eine der häufigsten Zeiten des Gebets. Die Hände falten, die Augen schließen, das Leben in Gottes Hand geben. Oder wie es am Ende von Luthers Abendsegen heißt: *„Alsdann flugs und fröhlich geschlafen.*"[2]

Insofern, liebe Leserin, lieber Leser: Vertraue wohl – schlafe gut! Eigentlich ein schöner Schluss für einen theologischen Impuls. Dazu vielleicht noch ein paar weise, fromme Ratschläge von den Schwestern und Brüdern aus anderen Jahrhunderten:

- Pflegen Sie feste Abendrituale. Putzen Sie nicht nur ihre Zähne, sondern auch Ihre Seele. Oder in Digitalsprache: Fahren Sie Ihren Prozessor geordnet runter. Winding down.

- Schreiben Sie Ihre Quäl- und Sorgengeister auf, die Sie nicht loslassen. Und legen Sie sie dann am Nachttisch ab.

- Beten Sie. Betrachten Sie ihr Leben in der Perspektive der Ewigkeit Gottes. Das rückt die Verhältnisse zurecht – und macht müde.

- Erinnern Sie sich, dass zu Gottes schöner Schöpfung auch Ihr Körper gehört. Bewegen Sie sich, schwitzen sie und entspannen sie.

- Und wenn Sie dennoch wach werden und partout keine Ruhe finden: Stehen Sie auf, arbeiten Sie eine Stunde und schlafen Sie dann weiter. Früher gab es den Segen des „zweiten Schlafes".

So fromm, so weise, so gut. „Amen und gute Nacht!"

Wenn es denn so einfach wäre. Auch bei Jesus sollte sich das mit dem Schlafen später verändern. Als der Sturm in ihm selber tobt, in der Nacht des Verrats, im Garten Gethsemane. Als er nicht mehr weiterweiß und darum bittet, dass der Kelch an ihm vorübergeht: Da werden die Jünger schlafen und er selbst keine Ruhe finden.

Denn die Nacht ist auch die Zeit der anderen Begegnung des Glaubens: Wenn Gott und Teufel, Engel und Dämon im Dunkeln manchmal nicht auseinanderzuhalten sind. Des Nachts sind auch alle religiösen Katzen grau. Dann wird Gott mitunter erfahren als ein Nachtdämon. Wie ein finsterer Geist, der einen anspringt wie bei Jakob am Jabbok (1. Mose 32,23ff.), der einen bis in die Träume hinein verfolgt und nicht mehr loslässt. Und dann fangen die Stürme an, in einem selbst zu toben: die Unversöhntheit mit sich selbst, den anderen, dem eigenen Leben. Die Stürme, in denen es immer letztlich um mich selbst geht, wer ich eigentlich bin und sein will und sein sollte.

Auch die Schlaflosigkeit gehört zum Glauben, wenn sie uns in die rechte Auseinandersetzung mit uns selbst und mit Gott führt. Viele tiefe Gespräche und intensive Begegnungen beginnen, wenn es dunkel wird. In diesen Nächten gilt es zu wachen, zu beten, mit Gott zu streiten: um gewiss zu werden, wer wir selber im Angesicht Gottes sind, was unsere Aufgabe ist und was nicht, welche Rolle Gott in unserem Leben spielt. Und um dann in anderen Nächten wieder wirklich schlafen zu können.

Was so fromm und innerlich klingt, hat eine tiefe Bedeutung für unsere Gesellschaft. Ich glaube, dass wir in unserer Zeit auch deshalb gefühlt von einer Krise in die andere taumeln, weil unser „Schlaf-Wach-Rhythmus" gestört ist. Weil wir die Nächte der Anfechtung allzu oft nicht durchstehen, sondern uns von allem Möglichen ablenken lassen. Die Nächte, in denen es darum geht, was unsere „Berufung" ist, wie wir mit uns selbst und unseren

Mitmenschen umgehen sollten. Nächte der Anfechtung, in denen wir endlich wachgerüttelt werden: „Wacht auf, denn eure Träume sind schlecht!"[3] Und weil wir umgekehrt in anderen Nächten unnötig unruhig schlafen und uns von jedem Wind treiben lassen. Eben weil wir nicht wissen, wer wir sind, was zu tun ist und in wessen Hand wir stehen.

Unserer hyperkritischen Zeit täte beides gut: Ruhen und Schlafen im Vertrauen auf Gott. Allen Krisen zum Trotz.

Und wachen, um gewiss zu werden, wie wir in dieser Welt in der Perspektive der Ewigkeit leben wollen.

## 3. TROTZDEM

Von der geistlichen Kraft zum Widerstand
in einer verrückten Welt

Es sind drei Fragen, die mich zurzeit beschäftigen. Drei Fragen, die in besonderer Weise zusammenhängen:

- Was hilft uns als Gesellschaft, mit „Krisen" umzugehen, den vermeintlichen wie den wirklichen?
- Was gibt mir (und anderen Menschen) die innere Kraft zu widerstehen?
- Was bedeutet es, im 21. Jahrhundert protestantisch an Gott zu glauben?

Zunächst zu den *Krisen:* „Krise" gehört zu den Grundbegriffen des kollektiven Zeitgefühls wie der medialen Selbstbeschreibung am Anfang des 21. Jahrhunderts: Flüchtlinge, Banken, Euro(pa), Terror, Klima – die Liste ließe sich beliebig verlängern. Zur „Krisenbewältigung" gehört dann jeweils ein festes Repertoire der Berichterstattung, das von einer übersensiblen, erlebnisorientierten Gesellschaft entsprechend aufgenommen wird. Beide zusammengenommen tragen zu dem unguten Hamlet'schen Gefühl bei, dass die Welt aus den Fugen, im eigentlichen Sinne „ver-rückt" ist. Und dass es allein an mir (oder im

21

kollektiven Narzissmus an uns) liegt, sie wieder einzurenken. Aus kritischen Situationen wird so erst die Krise, dann eine „Krisen-Kultur", am Ende die unvermeidliche Katastrophe.

Nun kann man weder die genannten realen Schwierigkeiten einfach auf ein Wahrnehmungsproblem reduzieren. Noch lässt sich der schwarze Krisen-Peter einfach den Medien (oder der Politik oder „denen da oben") zuschieben. Kritisch ist jedoch der „Krisen-Hype", mit dem gegenwärtig auf schwierige Situationen reagiert wird. Zu seinen Kennzeichen gehört, dass eine aktuelle Herausforderung stets als Höhe-/Wendepunkt einer dramatischen Entwicklung begriffen wird. Damit geht emotional ein Bedrohungsgefühl einher, kognitiv ein Informationsdefizit, prozessual ein besonderer Handlungsdruck. Der Alltag ist unterbrochen, die Wahrnehmung kanalisiert (Tunnelblick), es herrscht Zeitdruck („fünf vor zwölf"). Das alles trägt aber gerade nicht zu einem klugen Krisenmanagement bei. Es wäre daher klug, kritischer mit dem Krisen-Begriff zu sein.

Die Frage ist, wie wir uns als Gesellschaft vor solch einer aktualistischen „Krisen-Hysterie" bewahren und zugleich mit den eigentlichen, tiefergehenden Problemen umgehen, den massiven Herausforderungen jenseits der aktuellen Schlagzeilen: Was hilft uns, so zu denken, zu leben, zu handeln, dass lebenswertes Leben für alle Menschen auf der Erde dauerhaft möglich ist? Was hilft uns, die Abhängigkeit von „falschen Pfaden" zu überwinden? Was verhilft uns zu einer nachhaltigen, gerechten, friedvollen Lebensweise?

Womit wir bei der zweiten Frage wären: Dass wir als Gesellschaft mit „Krisen" umgehen können, hängt wesentlich zusammen mit der kollektiven wie individuellen Fähigkeit von Menschen zu *widerstehen*. Widerständig zu sein gegen eine Art zu denken, zu leben, zu handeln, die nur auf Kosten von anderen funktioniert (seien es Menschen, Tiere, Umwelt oder künftige Generationen). Widerständig zu sein gegen eine mediale Dauerberauschung und eine interessengeleitete Freizeitindustrie, die zur Selbstverzettelung führen und von den eigentlich wichtigen Dingen ablenken. Widerständig zu sein aber auch gegen angstgeleitete Untergangsszenarien („Krise" in Permanenz), die die entsprechenden populistischen Vereinfacher und Schwarz-Weiß-Denker hervorruft (politisch wie religiös).

Es ist wichtig, sich nicht davon bestimmen zu lassen. Es ist wichtig, innerlich wie äußerlich widerständig – resilient – zu leben. Dabei geht es letztlich um meine, unsere eigene Freiheit.

Bei allen strukturellen Zusammenhängen und systemischen Zwängen sind es am Ende Menschen, die so oder anders handeln, die sich so oder anders entscheiden, die so oder anders leben. Damit wird nicht individualistischen Zuschreibungsformen das Wort geredet, die den Einzelnen für alles in seinem Leben, in der Gesellschaft, in der Welt verantwortlich machen. Der Satz: *„Jeder ist seines eigenen Glückes Schmied"*, ist sozioökonomisch schlicht verkehrt, wenn nicht geradezu sozialdarwinistisch und zynisch.

Aber es wäre eben genauso falsch, den Einzelnen nur zum Produkt seiner sozialen Herkunft, seiner ökonomischen Verhältnisse, seiner genetischen Prägungen, seiner psychischen Triebe, seiner äußeren wie inneren Einflussfaktoren zu machen. So richtig diese Einflüsse sind, so wenig vermögen sie den Menschen, seine Freiheit, seine Verantwortung, seine Unverfügbarkeit zu beschreiben. Wir sind als Menschen, die lieben und hassen, spielen und kämpfen, zärtlich und grausam sind, trösten und töten, viel zu komplex, als dass wir mit reduktionistischen Theorien erfasst werden könnten. Die Frage ist vielmehr, was mir die Freiheit gibt, so oder anders mit den verschiedenartigen Einflüssen auf mich umzugehen. Denn es ist nicht egal, was ich tue. Es kommt darauf an, wie ich mich verhalte. Der einzige Mensch, den ich auf dieser Welt wirklich verändern kann, bin ich selbst. Und ich sollte so leben, dass ich selbst die Veränderung bin, die ich in der Welt sehen möchte. Wenn dem so ist: Was gibt mir die innere Kraft zu widerstehen? Was ist der tiefe, tragende Grund, der mich davor bewahrt, nicht zu resignieren, zynisch zu werden oder einfach ignorant dahinzuleben, auch wenn es noch so triftige Argumente dafür geben mag?

Womit wir bei der dritten Frage sind: Bei der inneren Kraft zum Widerstand geht es letztlich darum, woran ich eigentlich glaube. Die Stelle *Gottes* bleibt nicht leer im eigenen Leben. Der Psychoanalytiker Viktor E. Frankl hat es so beschrieben: *„Gott ist der Partner unserer intimsten Selbstgespräche"*, das Gegenüber, das die „letzte Ehrlichkeit" hervorbringt.[4] Anders als bei Frankl halte ich es aber nicht für operational indifferent, ob Gott existiert oder nur ein anderer Begriff für mein Selbst ist. Es macht einen Unterschied, ob mein Selbst mit sich alleine bleibt oder in seinem Innersten bezogen ist auf die Wirklichkeit einer allumfassenden, allversöhnenden, schöpferischen Liebe Gottes. Für mich selbst gewinnt dabei der Begriff eines „protestantisch an Gott glauben" immer mehr an Bedeutung. „Protestantisch" ist hier nicht konfessionalistisch gemeint, sondern im Sinne einer widerständigen, inneren Freiheit des Glaubenden. Das Sinnbild schlechthin dafür ist Christus am Kreuz. Ein Mensch, der – allen

Anfechtungen zum Trotz – an dem Glauben an die allumfassende, allversöhnende, schöpferische Liebe Gottes festhält. Ein Mensch, der für andere bis an den letzten Ort der Gottverlassenheit geht. Und der so – allem Anschein zum Trotz – selbst für andere zum wahren, weil mitleidenden Menschen und wahren, weil mitleidenden Gott wird.

Glauben heißt für mich, dass mein Leben in dieser Weise von der Liebeswirklichkeit Gottes bestimmt wird. Ja, dass ich selbst zu einem Teil dieser allumfassenden Liebeswirklichkeit werde. In der festen Hoffnung, dass am Ende Gott einmal sein wird „alles in allem" (1 Kor 15,28). Ein Leben im Licht dieser widerständigen Liebe Gottes bedeutet eine große innere Freiheit. Und es bedeutet zugleich einen Widerstand zu vielen Regeln dieser Welt.

Gerade angesichts der „Krisen" unserer Zeit und angesichts der offensichtlichen Notwendigkeit, dass ich lebe, denke, handle, ist es notwendig, dass wir Gott und Glauben als letzten Grund des eigenen Widerstands neu ins Spiel bringen.

In diesem Sinne: *Trotzdem!*

- Und wenn tausendmal „alle es tun" und „die Welt nun einmal so ist", lebe aus der inneren Freiheit des Glaubens heraus, die sich davon nicht bestimmen lässt.

- Obwohl Hass und Gewalt grausame Wirklichkeiten sind, sei gewiss, dass sie am Ende der Macht der Liebe weichen müssen.

- Finde dich nicht ab mit den Ungerechtigkeiten dieser Welt. Die Kraft zum Widerstand gehört zu den protestantischen Ur-Genen deines Glaubens.

- Du bist „abgrundtief geliebt", egal was ist, war oder sein wird. Das bestimme, wie du mit dir selbst umgehst, mit deinen Mitmenschen, mit deinen Mitgeschöpfen. Sie sind es ebenso wie du.

- Auch wenn mit dem Tod „alles aus" ist, vertraue darauf, dass Gottes Wege mit uns damit nicht zu Ende sind.

- Zum Wesen der Hoffnung gehört, dass sie nicht sieht und doch glaubt. Darum hoffe wider allen Augenschein und singe in der Nacht vom Morgen des neuen Tages.

- Am Ende wird Gott einmal alles in allem sein, die Aufhebung aller Gegensätze, das Ende aller Feindschaft. Möge dein Leben im Licht dieser ewigen Liebe Gottes, wenn auch sicher nicht einfacher, so doch tiefer, weiter und schöner werden.

# 4. DAS PROBLEM
## VON WEIHNACHTEN
## UND DIE PIEFIGKEIT
## MEINER NEUJAHRSVORSÄTZE

Mit Weihnachten habe ich, ehrlich gesagt, ein Problem. Mir geht das Ganze viel zu schnell. Zu glatt. Zu einfach. Auf einmal soll alles gut sein. Ist es aber nicht. Die Engel singen, Christus ist geboren. Danach geht's um 19 Uhr zum Festessen und dann ist Bescherung. Und der Lauf der Welt bleibt, wie er war. Natürlich besucht man seine Familie, Verwandten, Freunde. Was schön und wichtig ist. Fährt vielleicht noch Ski. Auch schön und wichtig. Und dann steht schon Silvester an, mit den guten Vorsätzen fürs neue Jahr. Spätestens dann hat es sich aber auch mit dem Weihnachtswunder. Realitäts-Cut. Ab jetzt zählen Pfunde.

Und wie klein und piefig fallen dann in aller Regel meine Vorsätze für das neue Jahr aus – angesichts dessen, was wir an Weihnachten gerade gefeiert haben. Da feiern wir also, dass der Heiland der Welt in einem Stall geboren wird, dass Gott den Himmel auf den Kopf stellt, dass endlich Frieden werde auf der Erde. Und ich nehme mir vor: 5 oder 10 Kilogramm weniger Fett auf den Hüften. Mehr Sport machen und Lesen. Mehr Zeit für mich und die Familie. Auch das alles schön und wichtig. Aber zum Abnehmen, Bücherlesen und Entschleunigen hätte es die Sache mit dem Stall nun auch nicht wirklich gebraucht. Irgendwie bleibt da doch etwas auf der Strecke. Entweder nehme ich meinen eigenen Glauben nicht wirklich ernst. Oder mein Alltag und mein Glauben spielen in unterschiedlichen Sphären, passen beide vielleicht einfach nicht zusammen. Oder ich gebe mich einfach mit viel zu wenig zufrieden.

Nun gibt es im Kirchenjahr ein eigentümliches Fest, das ich lange nicht begriffen habe. Ein Fest, das aber genau mit dem zu tun hat: der geringen Halbwertszeit von Weihnachten und dem eigentlichen, rechten Maßstab meiner Neujahrsvorsätze. *Epiphanias*, das Fest der „Erscheinung" des Herrn.

Für mich war das lange Zeit irgendwie so ein seltsamer Weihnachtsnachklapp. Ein verspäteter Heilig Abend für die orthodoxen Christen. Der 6. Januar mit den „Heiligen Drei Königen" als katholische Sternsinger-Aktion und als Anlass für politische Partei-Inszenierungen. Als Protestant, noch dazu mit reformierter Herkunft, konnte ich damit ziemlich wenig anfangen.

Tatsächlich zielt Epiphanias aber genau auf die Frage, wie es mit Weihnachten eigentlich weitergeht: Wie es mit unserer Welt, mit meinem Leben danach weitergeht, und was es für meine guten Vorsätze heißt, wenn tatsächlich das Licht im Finstern scheint.

Drei Geschichten aus der Bibel werden klassischer Weise am Epiphanias-Fest gelesen und gepredigt.

Die erste ist die Geschichte von den *drei Weisen aus dem Morgenland* nach Matthäus 2. Landläufig haben wir sie in die Weihnachtsgeschichte von Lukas einfach mit eingebaut. Und die drei dabei flugs auch kirchlich domestiziert: zu Heiligen, zu Königen (wegen der üppigen Geschenke), zu weisen Männern. Die Pointe ist aber doch, dass die Magoi (so heißen sie eigentlich, also: Astronomen, Sterndeuter, Mantiker) in jedem Fall Heiden waren. Eben keine Heiligen, Frommen, Angehörige des Gottesvolkes. Jesus ist der Christus eben nicht nur für die Rechtgläubigen, sondern auch für die Anders-, Fremd- oder Nicht-Gläubigen. Und die Pointe ist, dass es zugleich auch um die Schöpfung, den gesamten Kosmos geht. „Wir haben seinen Stern gesehen". Der Lauf der Welt im Großen wird von diesem Lauf der Welt im Kleinen bestimmt. Es ist die Erfüllung der alten Verheißung an das Volk Israels, dass aus ihm das Licht für die Heiden kommen wird. Wenn man Weihnachten nicht in dieser kosmischen Dimension denkt, die allen Menschen und der ganzen Schöpfung gilt, die den Lauf der Gestirne verändert, die Licht im Dunkeln schafft und meinem Leben eine grundsätzlich andere Orientierung gibt, bleibt es hoffnungslos unterbestimmt.

Die zweite Geschichte an Epiphanias ist die von der *Taufe Jesu* durch Johannes den Täufer im Jordan. Die Geschichte wird von allen Evangelien überliefert. Und sie passt auch bestens zum Thema Erscheinung: Der Himmel öffnet sich, der Geist steigt wie eine Taube herab und eine Stimme sagt, dass dieser Mensch Gottes Sohn ist. Also filmreife Epiphanie pur.

Das eigentlich Anstößige ist dabei jedoch, dass Jesus sich überhaupt von Johannes taufen lässt. Darauf weist etwa Matthäus hin, indem er den Täufer sich heftigst mit Händen und

Füßen dagegen wehren lässt. Oder der Evangelist Johannes, wenn er das Ganze sogar in ein Bekenntnis des Täufers zu Christus einfasst. Das Anstößige aber bleibt: Christus steigt in den gleichen aufgewühlten, schmutzigen Fluss wie all die „anderen", um sich taufen zu lassen. Er geht in die radikale Sünden-Gemeinschaft mit allen Betrügern, Ehebrechern, Mördern. Auch und gerade als Christus ist er nicht besser als sie, sondern genau wie sie auf den Zuspruch, den Geist, die Stimme Gottes angewiesen.

Genauso ist es mit Weihnachten. Es ist für mich nicht zu haben, wenn ich nicht in den Jordan hinabsteige. Ohne die radikale Gemeinschaft mit all den „anderen" keine himmlische Stimme, kein Geist, kein Gloria in excelsis Deo.

Die dritte Geschichte schließlich ist die Erzählung von der *Hochzeit zu Kana*. Es ist das erste Zeichen, das der Evangelist Johannes von Jesus überhaupt erzählt. Ein Wandlungswunder. Bei einer Hochzeit passiert das, was schon für normale Gastgeber in unseren unterkühlten Breitengraden der Horror ist, erst recht für eine orientalische Hochzeitsfeier: Der Wein geht aus. Es reicht nicht. Das Fest steht kurz vor dem Ende.

Doch dann geschieht das Unvorstellbare. Wasser wird zu Wein. Es reicht für alle. Das eigentliche Fest beginnt. Bei Johannes, der als einziger Evangelist keine Einsetzung des Abendmahls berichtet, schwingt hier, gleich zu Beginn von Jesu Wirken, bereits etwas von dieser besonderen letzten Mahlgemeinschaft Jesu mit. Es reicht zum Fest für alle. Und dass es für alle reicht, hat seinen Preis. Auch das gehört zu Weihnachten und zu Epiphanias: dass es die Wunder nicht ohne das Kreuz zu sehen gibt.

Der Glaube an einen anderen Lauf der Welt – das Vertrauen, dass das Licht über die Finsternis siegt – die radikale Gemeinschaft mit all den „anderen" im gleichen schmutzigen Fluss – ein Fest, weil es für alle reicht – und die Bereitschaft, dass ich mich in der Nachfolge Jesu dafür verändern lasse. Das sollen meine Weihnachtsvorsätze für das neue Jahr sein. Drunter geht's nicht. Und meine Frau meint: Bei solchen Vorsätzen nimmt man bestimmt auch ab.

## 5. VON BLINDER WUT, HEILIGEM ZORN UND POLITISCHER EMPÖRUNG

### Zum Umgang mit Emotionen in Politik und Religion

Fast täglich sehen wir sie in den Nachrichten: Menschen, die vor Wut geifern, brüllen, randalieren. „Merkel muss weg!" Man spricht von Wut-Bürgern oder Angst-Gesellschaft, früher oft als „furor teutonicus" bzw. „German Angst" beschrieben. Dabei ist beides längst keine deutsche Spezialität. Ob gewalttätige Gelbwesten in Frankreich, verbitterte Trump-Fanatiker in den USA oder Pegida-Demonstranten in Deutschland: Wut ist international an der Tagesordnung.

Doch was unterscheidet „blinde Wut" eigentlich von der notwendigen politischen Empörung, wie sie etwa der Résistance-Kämpfer und Diplomat Stéphane Hessel[5] forderte? Oder die Aktivist/innen von Fridays for Future? „I want you to panic." (Greta Thunberg) Wie soll man politisch mit Wut oder Empörung umgehen? Und was können Religion und Glauben dazu beitragen – die ihren eigenen „(un-)heiligen Zorn" kennen? Etwa wenn der eifernde Jesus die Händler aus dem Tempel treibt (Joh 2,13ff.), Saulus gegen die Anhänger des neuen Weges wütet (Apg 9,1) oder der rasende König Saul wahlweise David oder seinen eigenen Sohn Jonathan mit dem Speer zu durchbohren sucht (1 Sam 18–20)? Es ist an der Zeit, über unseren Umgang mit starken Gefühlen in Politik wie in Religion neu nachzudenken.

Emotionen gelten unter gebildeten Erwachsenen vielfach als suspekt. Zumindest wenn es um Wut, Zorn und Ärger geht. Sie sind blind, zufällig, unbeherrscht. Eine Sache von Cholerikern, Chaoten und kleinen Kindern. Oder von schlechten Verlierern, die ihren Tennisschläger zertrümmern. Anders dagegen die Emotionsforschung: Sie betont die Bedeutung von Gefühlen, weil sie ein fester Bestandteil unseres menschlichen Wesens sind, uns als Ganzes betreffen (einschließlich des Körpers) und tiefer reichen als viele unserer rationalen Ideen, Werte oder Moralvorstellungen. Entsprechend hat auch die Praktische Theologie in einer ihrer zahlreichen „turns", diesmal dem „emotional turn", die theologische Bedeutung von Scham, Ärger und Wut neu entdeckt.

Vier Impulse:

### 1. Eigene Emotionen wahrnehmen:

„In der Welt habt ihr Angst" (Joh 16,33). Das gilt auch für „dunkle" Gefühle wie Wut, Ärger, Zorn. Ja selbst für Rache, Zerstörungslust, Tötungsfantasien. Und es ist wichtig, sich das einzugestehen. Emotional komplex, schwierig und zuweilen „gefühls-blöd" sind eben nicht nur die anderen. Auch hassen, streiten und selbst töten haben, biblisch gesprochen, „ihre Zeit" (Pred 3,1–8). Und es ist nicht gut, dass wir aus lauter frommer Harmonie-Seligkeit die Feindklagen in den Psalmen aus unseren Gottesdiensten immer herausredigieren. Es gibt den Zorn-Hansel, Wut-Bürger und Populisten eben auch in mir. Ganz alltäglich, wenn der doofe Drucker wieder streikt, kurz vor dem Meeting alle Ampeln auf Rot stehen oder ich bei Vodafone in der Telefonschleife hänge (15 Minuten Alice Merton, „Why So Serious"). Erst recht, wenn ich persönliche oder soziale Ungerechtigkeit in ganz anderer Qualität erfahre, à la Michael Kohlhaas oder Günter Wallraff. Dann hat es sich mit der hochgelobten Selbst-Wirksamkeits-Erfahrung in der ach so mobil-flüssigen Moderne! Wut ist ein Staugefühl. Wenn mein Ärger und mein Zorn keine Luft bekommen. Und er ist per se weder gut noch schlecht.

### 2. Eigene Emotionen verändern:

Von Viktor E. Frankl stammt der schöne Gedanke, dass man sich von seiner Angst ja nicht alles gefallen lassen muss.[6] Das gilt auch für die eigene Wut. Nein, Emotionen sind nicht einfach irrational, erratisch, unveränderbar. Sie haben ihre eigene Logik. Sie lassen sich gestalten. Und ich sollte mich selbst nicht zum Objekt von ihnen machen lassen, sondern sie meinerseits gestalten. Das ist allerdings oft leichter gesagt als getan, wie der gut gemeinte Ratschlag Gottes an den ersten Wut-Menschen Kain kurz vor dem Brudermord zeigt: „Die Sünde lauert vor der Tür, und nach dir hat sie Verlangen; du aber herrsche über sie." (1. Mose 4, 7) Die Frage ist eben, warum ich wie auf wen wütend bin – und, ob ich damit richtigliege. Vielleicht wäre es ja besser gewesen, Kain hätte sich in seiner Wut, Enttäuschung, Scham mit Gott und nicht mit Abel angelegt.

Politisch gewendet: Wenn ich in der Zeitung lese, dass Städte in Deutschland nicht wissen, wie sie mit Obdachlosen-Camps umgehen sollen, ein Hedgefonds-Chef sich eine Wohnung für

238 Millionen US-Dollar in New York kauft[7] und Politiker/innen wie Wirtschaftsführer/innen „Ratlos in Davos"[8] sind, weil sie nicht wissen, wie sich Ungleichheit beseitigen lässt, dann gibt es allerdings Grund, wütend zu sein. Vielleicht sollte man einfach mal ernsthaft mit den Kritiker/innen sprechen, die da draußen demonstrieren. In der Akademie nennen wir so etwas offenen Diskurs. Normal sind solche Nachrichten nicht und dürfen es nicht sein. Und es verwundert eher, wenn sich immer noch so wenige über so etwas – zu Recht – aufregen.

### 3. In kluge Taten umsetzen:

Eine beliebte Einstiegsfrage eines Freundes bei Gesprächen in größerer Runde lautet: „Was empört dich eigentlich zurzeit?" Wutlos zu sein ist weder normal noch selbstverständlich. Zumindest nicht, wenn die Welt so ist, wie sie ist. Ich persönlich halte viel von Selbstbeherrschung und kritischer Vernunft. Aber unsere demokratische, offene Gesellschaft braucht aufgeklärte Leidenschaft. Und der Glaube kann dazu helfen, indem er meine mitunter kleinkarierte, selbstbezogene, fehlgeleitete Wut in den Horizont der Ewigkeit Gottes stellt. Und so – hoffentlich – heilsam transformiert in wahrhafte, kluge und notwendige Empörung. In heiligen Zorn. Es ist empörend, wenn Kinder nicht nur in Deutschland, aber eben auch bei uns arm sein müssen. Es ist empörend, wenn es eine der größten Armutsfallen ist, alleinerziehend mit vielen Kindern zu sein. Es ist empörend, wenn unsere Gesellschaft sozial auseinanderdriftet, das politische Klima bewusst vergiftet wird und wir allzu oft, allzu lang und allzu schief über die falschen Themen reden. Es ist empörend, wenn wir es trotz immer neuer Technik nicht hinbekommen, in einer Weise zu leben, die lebenswertes Leben für alle Menschen und

Tiere auf der Erde dauerhaft ermöglicht. Und damit die Empörung nicht zu frustrierter Resignation oder gewaltsamer Aggression wird, ist es wichtig, etwas zu tun: *zu reden, zu handeln und zu beten.*

*Zu reden,* weil es „mehrere braucht, um intelligent zu sein" (Zwingli)[9]. Dafür haben wir die Demokratie. Sie lebt von klugen Beratungen und offenen Begegnungen. Und dafür sollten wir sie auch nutzen.

*Zu handeln,* weil die Trägheit der Masse und die Normativität des Faktischen gefährlich werden, wenn die Richtung des eingeschlagenen Pfades nicht mehr stimmt. Dann braucht es Mut zum kreativen Anderssein: „Tut um Gottes willen etwas Tapferes!" (Zwingli)[10]

Und *zu beten,* weil es am Ende des Tages auch mit all unserer Kraft niemals wirklich reichen wird. Und weil immer die Gefahr besteht, dass doch Wut, Ignoranz oder Zynismus das eigene Denken am Ende bestimmen. Deswegen braucht es den „Verkehr des Herzens mit Gott" (Zwingli)[11], das Gegenüber in den stillen Momenten „letzter Ehrlichkeit", den „Partner unserer intimsten Selbstgespräche" (Frankl)[12].

### 4. Fremde Emotionen besser verstehen:

Noch einmal zurück zu den vor Wut brüllenden, geifernden, randalierenden Menschen vom Anfang. Sich mit den eigenen Emotionen auseinanderzusetzen, kann helfen, die Gefühle der anderen – zumindest ansatzweise – zu verstehen. Das heißt nicht, sie zu rechtfertigen oder zu teilen. Schon gar nicht, wenn es um schlichte Ausbrüche von Gewalt und Menschenverachtung geht. Eine Gefahr in Zeiten gesellschaftlicher Polarisierung ist aber, dass ein emotionales „othering" entsteht: Ich löse meine eigenen, inneren Ambivalenzen auf und nehme meine dunklen Regungen nur personifiziert in dem anderen bzw. der anderen wahr. Eine solche „Fremdzuschreibung" ist hochproblematisch und verhindert echte Begegnungen und Gespräche. Das Wertvolle wie Riskante an echten Begegnungen und Gesprächen ist ja, dass ich mich selbst darin verändern und mein Gegenüber (zumindest in Punkten) recht haben könnte. Die notwendige politische Empörung darf (im Unterschied zur blinden Wut) gerade nicht zu einem Abbruch von Begegnung führen. Im Gegenteil. Dabei gibt es klare rote Linien, worüber nicht zu diskutieren ist, etwa, wenn es um jedwede Form gruppenbezogener Menschenfeindlichkeit geht (in Bezug auf Religion, Ethnie, Geschlecht ...). Diesseits dieser Grenzen halte ich die kritisch-kontroverse Begegnung mit wütenden Bürger/innen und Sympathisant/innen von rechtspopulistischen Parteien aber für umso wichtiger. Gerade dann, wenn es um offensichtlich fehlgeleitete politische Emotionen geht. Und das gilt m.E. auch für Vertreter populistischer Parteien, soweit sie sich nicht menschenverachtend äußern. Man muss nur sorgsam darauf achten, in welchem diskursiven Rahmen dies sinnvoll geschehen kann. Talk-Shows oder bloße Quoten-Besetzungen bei Podien sind dafür sicher ungeeignet.

Das Problematische am Populismus ist, dass er seinem Wesen nach anti-pluralistisch ist (Jan-Werner Müller), dass der Ruf: „Wir sind das Volk!", eigentlich meint *„Nur* wir sind das Volk!"[13] Dem gilt es, in Begegnungen jenseits der Blasen entgegenzutreten. Das verändert. Sicher ist das Bemühen, blinde, fehlgeleitete Wut in notwendige, berechtigte Empörung zu verwandeln, anstrengend und schwierig. Aber es ist eine der zentralen Aufgaben angesichts der großen politischen Herausforderungen unserer Zeit.

# 6. Vom Gekreuzigten und der Krux mit den Kreuzen

## Wider die Logofizierung eines Symbols

Als Markus Söder im April 2018 dekretierte, dass in allen bayrischen Staatsbehörden Kreuze zu hängen haben, war die Empörung in den Kirchen groß. Zurecht. „In diesem Zeichen wirst Du im Wahlkampf siegen." Hier hatte einer offensichtlich die Lehren aus der Geschichte nicht richtig verstanden. Das Kreuz taugt weder als hegemoniales Machtsymbol, noch lässt es sich zu einem bloßen christlich-abendländischen Kulturmarker ohne religiösen Gehalt machen.

Die tieferliegende Frage freilich ist, wie wir in den Kirchen mit dem Kreuz umgehen. Etwa, wenn man sich einmal die Auftritte der zwanzig evangelischen Landeskirchen ansieht: Gepinselt, gepunktet, rechteckig, winklig, facettenförmig, verschoben, gebrochen, vielfarbig, eindimensional, eindeutig. Das Kreuz ist unter die Graphiker und Öffentlichkeitsarbeiter gefallen. Nähme man die zigtausenden kirchlichen bzw. diakonischen Einrichtungen, Vereine, Verbände, Werke und Gemeinden dazu, die Pupille würde einem platzen. Wir haben das Symbol zum Logo gemacht. „In diesem Zeichen werdet ihr kommunikativ siegen." Was für ein Unsinn. Nun mag es ein berechtigtes Interesse von Institutionen geben an Sichtbarkeit und Wiedererkennbarkeit. Doch das Kreuz taugt sicher nicht dazu. Als *Symbol* ist das Kreuz anstößig, paradox, mehrdeutig. Es ist uneigentlich, nicht funktionalisierbar, transparent für etwas Anderes. Es wirft Sinnebenen zusammen (so griech. symballein), hat Begegnungscharakter und theologisch-ästhetischen Mehrwert. Das alles bietet das *Logo* aber gerade nicht.

Genauso wenig taugt das Kreuz aber auch als hierarchisches Statussymbol, etwa als Bischofskreuz für das Bischofsamt, sei es nun in massivem Silber oder Gold. Die Schwere dieses Amtes bemisst sich doch nicht in Karat. Wie eine himmlische Bürgermeisterkette. Klerikalisierungen stehen der evangelischen Kirche generell schlecht zu Gesicht. Und mir fällt, ehrlich gesagt, nichts ein, worin derart gestaltete Kreuze die Verkündigung des Gekreuzigten irgendwie befördern könnten, aber durchaus einiges, worin sie das nicht tun.

Womit wir bei den eigentlichen Fragen wären:

- Was haben wir heute theologisch vom *Gekreuzigten* zu sagen?
- Wie können wir so davon erzählen, dass wir selber und andere verstehen, was er für das Leid der Welt bedeutet?
- Wie putzen wir die alten Worte und Bilder, dass sie etwas von dem widerspiegeln, was durch diesen Riss in den anderen Rissen erscheint?

„There is a crack, a crack in everything / That's how the light gets in." (Leonard Cohen)[14]

Theologisch denken und reden wir beim Kreuz schnell in Kategorien von Schuld und Opfer, Versöhnung und Erlösung. In himmlischen Schuld-Verrechnungsbanken. Doch es geht zunächst um Leiden, um Worte, um Blicke. Es geht um einen Menschen mit einer Geschichte, vorher und nachher. Und es geht um Begegnung. Mit dem Gekreuzigten.

### 1. Leiden.

Der katholische Theologe Johann Baptist Metz hat einmal gesagt, dass die erste Frage Jesu an seine Mitmenschen nicht ihrer Schuld galt, sondern ihrem Leiden. „Was willst du, dass ich dir tue?" Und dass es auch am Kreuz zunächst um Leid geht. Das ist uns vor lauter theologischen Deutungen manchmal aus dem Blick geraten. Dass da ein Mensch leidet. Dass Gott leidet. Und dass es etwas mit mir macht, wenn ich es sehe.

Compassion – Mitleiden ist der Begriff, mit dem Metz diese Leidens-Begegnung zu beschreiben versucht.[15] Das ist mehr und anderes als Mitleid, Empathie, Trauer. Es ist ein Prozess, der Gott, mich und das Leiden verändert. Leiden schließt Schuld, Sünde, Tod ein. Und es nimmt mich unmittelbar hinein, weil ich nicht anders kann, als mitzuleiden, wenn ich ihm begegne.

### Geistlicher Heimlich-Griff

*Wenn ich das Leid nicht begreife,*
*weil es da nichts zu begreifen gibt.*
*Wenn das Leid mich so ergreift,*
*dass ich Halt und Hoffnung*
*und mich*
*verlier.*

*Wenn am Ende nur*
*Schmerz noch bleibt,*
*nur ohne*
*nur.*
*Dann, Christus, schrei*
*für mich.*

## 2. Blicke

Das Kreuz selbst ist ein Kipp-Bild, eine Inversionsfigur, eine „multistabile Wahrnehmung". Es verstört, irritiert, verkehrt meine Wahrnehmungen. Es stellt die Bilder gleichsam auf den Kopf. Von Gott und Mensch, Leid und Erlösung, Tod und Sieg. Victor quia victima (Augustin)[16]. Sieger, weil Besiegter (Opfer). Und es verwandelt meinen Blick auf das Leid des anderen Menschen, wenn ich begreife, dass in ihnen Gott selber leidet: „*Wann haben wir dich nackt, hungrig, durstig, als Fremden, krank oder im Gefängnis gesehen?*" (Mt 25, 31–46) Das Kreuz hat mit meiner Menschensicht, meinem Weltblick zu tun. Oder es hat nichts mit mir zu tun. Ohne Korrektur meiner *Leidblindheit* ist Christus nicht zu haben. Es geht darum, wie ich selbst von Christus als Leidendem angesehen bin. Und als was ich meinerseits den leidenden Menschen am Kreuz ansehe.

### Was der römische Hauptmann sah

*Er sah einen Menschen*
*gequält, hingerichtet, schreiend, leidend*
*am Kreuz.*
*„INRI". „Der König der Juden"*

*Er sah, dass etwas nicht stimmte,*

*dass ganz und gar nicht stimmte,*

*was er sah.*

*„Eli, eli, lama asabtani."*

*„Mein Gott, mein Gott, warum hast du mich verlassen?"*


*Er sah, was er nicht sah.*

*Die Lücke, den Riss, den Gott,*

*der als Allmächtiger fehlte*

*und als Leidender da war.*

*„Wahrlich, dieser Mensch ist Gottes Sohn gewesen."*

### 3. Worte

Jesus stirbt bei Markus und Matthäus mit dem Schrei der Gottverlassenheit: *„Mein Gott, mein Gott warum hast du mich verlassen?"* Worte Israels aus Psalm 22. Der Psalm ist wie das Skript, nach dem die Evangelisten Jesu Leiden erzählen. Der Spott der Leute, das Würfeln um die Kleider, das letzte Dürsten, das Durchbohren von Händen und Füßen. All das steht da drin. Doch das Besondere an dem Psalm ist seine Lücke. Die Leerstelle, der Spalt, das ungeschriebene Weiß zwischen den schwarzen Zeilen: Wenn mit einem Mal die Klage über das Leid in den Lobpreis umschlägt. Gott sieht. Gott hört. Und lässt dem Leiden nicht das letzte Wort.

Lukas und Johannes haben diese Zuversicht bereits in ihre Erzählung des Kreuzes eingezeichnet: *„Ich befehle meinen Geist in deine Hände". „Es ist vollbracht."* Die letzten Worte Jesu passen nicht alle zusammen. Sie können nicht passen. Weil das Leid nicht passt. Weil die Lücke, der Riss immer wieder da ist. Weil es mehr als ein Evangelium braucht, um mit ihnen umzugehen.

43

Weil der Kampf darum, wer am Ende das letzte Wort haben wird, zwar entschieden, aber noch nicht zu Ende ist. Der letzte Spott, die letzte Verzweiflung. Oder der Anfang neuer Beziehung: *„Siehe, dass ist dein Sohn." „Siehe, dass ist deine Mutter."*

### Was dann geschah – eine Metamorphose

*Der Leidende heilte, leidet nun selbst als Opfer.*
*Der Traurige tröstete, schreit verlassen von Gott.*
*Der Hungernden Brot gab, ist nur noch blutender Leib.*
*Der Aussätzige segnete, hängt verflucht am Kreuz.*
*Der Armen frohe Botschaft brachte, wird Ziel des Spotts.*
*„Arzt, hilf dir selbst!"*
*Er hatte sich so sehr um Kopf und Kragen*
*geliebt, geglaubt, gehofft – auf Gott,*
*dass dem gar nichts anderes übrigblieb,*
*als ihn auferwecken.*
*So ist das mit*
*Söhnen.*

## 7. NÄCHTE ASCHENEN SCHWEIGENS

Dem anderen im Leid ein Freund sein

Welche Person können Sie eigentlich in der Bibel am wenigsten leiden?

Den Brudermörder Kain?

Den grausamen König Herodes?

Den Verräter Judas?

Die drei gehören sicher zu den unbeliebtesten Gestalten in der Bibel. Was verständlich ist, aber auch irgendwie schade. Handelt es sich doch bei ihnen durchweg um hoch interessante Charaktere. Erzähltheoretisch würde man von Trickster-Figuren sprechen: Figuren, die irgendwie zwischen Gut und Böse changieren. Personen, zwischen übermenschlicher Macht und untermenschlichem Trieb. Die etwas anderes sind, als sie zu sein vorgeben. Und die gerade so eine zentrale Rolle für den Verlauf der Geschichte spielen. Wie hätte etwa die Passion und Ostern funktionieren sollen, wenn Judas nicht gewesen wäre? Walter Jens hat das in seinem Buch „Der Fall Judas" schön beschrieben.[17]

Auch Paulus schneidet ja bei vielen Religiösen wie Nicht-Religiösen nicht sonderlich gut ab. Zu fundamental, freudlos, frauenfeindlich.

Blöd nur, dass das halbe Neue Testament von ihm stammt.

Doch wie steht es eigentlich mit den internationalen Freunden Hiobs? Elifas von Taman, Bildad von Schuach, Zofar von Naama. Auch sie hätten – würde man ein Beliebtheits-Ranking bei den biblischen Gestalten machen – einen kanonischen Kellerplatz sicher. Von dem nervigen, verspätet dazukommenden Jüngling Elihu ganz zu schweigen. Sie stehen gleichsam als Inbegriff für abstrakte Theologen. Für dogmatische Weisheitslehrer, die in der schrecklichen Richtigkeit ihrer Lehre am Leid des Einzeln vorbeigehen. Für Freunde, die dann, wenn man sie selber braucht, nur kluge Ratschläge haben. Und die sich darin nicht nur an ihrem Mitmenschen, sondern auch an Gott schuldig machen. Weil sie tragischer Weise gerade im Versuch, richtig von Gott zu sprechen, Gott selbst widersprechen. Am Ende des Hiob-Buches werden die Freunde denn auch von Gott höchstpersönlich kritisiert – und auf die Fürbitte Hiobs verwiesen, die sie eben nicht für ihn geleistet haben.

Doch halt! Nicht so schnell. Wenn man so urteilt, läuft man Gefahr, selbst schnell zum frommen Besserwisser zu werden. Und man sollte immer vorsichtig sein, wenn ein Theologe einen Theologen einen Theologen schimpft. Es ist vielleicht doch kein Zufall, dass den Freunden in der Bibel ganze Kapitel lang Raum gegeben wird, um ihre Sicht der Dinge zu entfalten. Gar so dumm scheint es mithin nicht zu sein, was sie zu sagen haben.

Auch hier gilt Barths Diktum: Nur wer hier geliebt hat, darf hier hassen.

Insofern: Versuch einer Apologie der Freunde Hiobs – und eine Suche danach, wie wir im Leid dem anderen Freund sein können.

### 1. Nächte aschenen Schweigens

*„Als aber die drei Freunde Hiobs all das Unglück hörten, das über ihn gekommen war, kamen sie, ein jeder aus seinem Ort: Elifas von Teman, Bildad von Schuach und Zofar von Naama. Denn sie waren eins geworden hinzugehen, um ihn zu beklagen und zu trösten. Und als sie ihre Augen aufhoben von ferne, erkannten sie ihn nicht und erhoben ihre Stimme und weinten, und ein jeder zerriss sein Kleid und sie warfen Staub gen Himmel auf ihr Haupt und saßen mit ihm auf der Erde sieben Tage und sieben Nächte und redeten nichts mit ihm; denn sie sahen, dass der Schmerz sehr groß war.“ (Hiob 2, 11ff.)*

Was für ein starkes Bild! Die Freunde, Personifikationen der internationalen Weisheit, kommen aus den verschiedenen Weltgegenden zusammen – geeint nur durch den einen Wunsch, ihren Freund zu trösten und ihn zu beklagen. Ihn in der Not nicht allein zu lassen und seinem Leid ihre Stimme zu geben. Seine Trauer und Schmerz haben ihn bereits so entstellt, dass sie ihn nicht wiedererkennen. Sie machen sich ihm gleich, zerreißen ihre Kleider, werfen Staub auf sich.

Und dann sitzen sie sieben Tage und Nächte nur da, ohne ein Wort zu reden:

*„denn sie sahen, dass der Schmerz sehr groß war.“ (Hiob 2,13)*

Sieben Tage mitleidendes Schweigen. Nicht nur ihrer Weisheit, auch ihren Klagen hat es die Stimme verschlagen. Ohnmächtig sitzen sie da im Angesicht des entstellten Freundes. Eine Fähigkeit zum Schweigen, die uns in der „Kirche des Wortes" oft abhandengekommen ist. Erst recht in einer Zeit digitaler Dauerberauschung. Nur wer hier geschwiegen hat, darf dort reden. Die Kunst, „mit-leidend zu schweigen" – das macht die Freunde aus.

### 2. Auf die Frage des anderen Rede und Antwort stehen

*„Danach tat Hiob seinen Mund auf und verfluchte seinen Tag. Und Hiob sprach: [...]" (Hiob 3,1f.)*

Das erste Wort nach dem Schweigen spricht der leidende Freund. Er bricht die Stille: Er fragt und klagt, hadert und streitet mit dem Leiden, dem Leben, mit Gott. Er verflucht den Tag seiner Geburt, seine gesamte Existenz:

*„Ausgelöscht sei der Tag, an dem ich geboren bin, und die Nacht, da man sprach: Ein Knabe kam zur Welt! [...] Warum bin ich nicht gestorben im Mutterschoß? Warum bin ich nicht umgekommen, als ich aus dem Mutterleib kam? [...] Warum gibt Gott das Licht dem Mühseligen und das Leben den betrübten Herzen, die auf den Tod warten, und er kommt nicht, und nach ihm suchen mehr als nach Schätzen [...]?" (Hiob 3,3ff.)*

Er wünscht sich, die gesamte Schöpfung rückgängig zu machen.

Und die Freunde antworten ihm: kein postmodernes Perspektivengeplänkel, kein billiges Ausweichen: „Ich weiß es auch nicht", sondern Antworten, klare, konkrete Antworten.

Und es ist grundsätzlich keineswegs dumm, was sie sagen:

- dass Menschen aus Leiden lernen können,
- dass Leiden auch mit dem zusammenhängen können, was Menschen tun,
- dass der Mensch Gottes Handeln nicht begreift.

Letztlich aber scheitern alle ihre weisheitlichen Antworten. Die Frage hat eine Kraft, die die Antwort nicht mehr besitzt. Eine Frage als Akt der Klage lässt sich nicht inhaltlich beantworten. Vor allem werden sie dem Leiden ihres Freundes nicht gerecht. Und auch nicht dem sinnlosen Leiden von unzähligen Menschen in der Geschichte der Menschheit seitdem.

Doch was wäre eigentlich gewesen, wenn sie geschwiegen hätten? Wer hätte Hiob den notwendigen Widerstand, den er brauchte, als Gott schwieg und sich ihm unbegreiflich entzog? Wer wäre sein Gegenüber gewesen, mit dem er streiten konnte? An wem hätte seine Aggression sich entfalten können, um für die Begegnung mit Gott im Wettersturm gerüstet zu sein? Die Freunde als geistliche Sparringspartner für die Konfrontation mit dem Höchsten. Die Freunde werden schuldig, indem sie reden. Indem sie so von Gott reden, als wüssten sie es besser als er selber. Als hätten sie die Wasserwaage gehalten, als Gott die Welt gründete. Aber zu schweigen, wäre keine Lösung gewesen, weil auch jedes noch so beredte Schweigen auf die Dauer zu einer Todesstille wird.

Dem anderen ein Gegenüber sein, wenn Gott sich entzieht – das macht die Freunde aus. Auch auf Kosten eigener Schuld.

### 3. Die Fürbitte des Anderen

*"Zu Ende sind die Worte Hiobs. Da hörten die drei Männer auf, Hiob zu antworten, weil er sich für gerecht hielt."* (*Hiob 31,40; 32,1*)

Am Ende hören die drei Freunde auf zu reden und lassen Hiob das letzte Wort. Nur der zornige, junge Elihu meint es besser zu wissen. Und redet ohne Punkt und Komma in vier langen Reden auf Hiob und die Freunde ein. So wie es immer noch einen am Ende gibt, der meint, es viel besser zu wissen.

Und als Gott Elifas und die beiden anderen hart zurechtweist, tun sie Buße, bringen Opfer und bitten Hiob um seine Fürbitte. *"Und Gott erhörte Hiob."* (*Hiob 42,9*)

Das ist die Hoffnung aller Pfarrer/innen, Priester, Rabbiner/innen und Imame – aller Christen, Juden und Muslime: dass Gott die Fürbitten der anderen für sie erhört, weil sie nicht recht von ihm geredet haben, aber Schweigen keine Lösung gewesen wäre. Interessant ist dabei die Umkehrung der Rollen: Der Freund, den die anderen trösten und beklagen wollten, wird zu ihrem Fürsprecher. Auch das macht die Freunde aus, zu erkennen, dass man auf die Fürbitte des anderen angewiesen ist. Vor allem da, wo man sie selber dem anderen schuldig geblieben ist. Und das wäre vielleicht auch die eigentliche Antwort der Freunde an Hiob gewesen: Wenn sie für ihn mit Gott gestritten hätten, statt ihn über Gott belehren zu wollen.

Gott bleibt im Hiob-Buch die Antworten auf die klagenden Fragen Hiobs schuldig. In seinen beiden Reden im Wettersturm stellt Gott selbst Fragen an Hiob, anstatt ihm zu antworten. Und fast klingen sie, als klagte Gott dem Menschen die Einsamkeit in seinem schöpferischen Wirken und seinem Kampf mit den Chaosmächten.

Umso wichtiger sind wohl die Freunde,

die mit Hiob Tage und Nächte schweigen,

die mit Hiob streiten, als Gott sich entzieht,

und die am Ende Hiob für sich in ihrem notwendigen Scheitern beten lassen.

Es sind, so meine ich, theologische Trickster-Figuren, die in ihrer klugen Weisheit schrecklich irregehen und an Hiob und Gott schuldig werden. Aber gerade so tragen sie wider klugen Wissens zum Guten bei. Und vielleicht ist dies der eigentliche Weg, um an Ende wie Hiob ein Freund Gottes zu werden. Indem man wie er die offenen Fragen Gottes mit Gott aushält.

## 8. „SIEBEN TODSÜNDEN DER MODERNEN WELT"

Im Gespräch mit Mahatma Gandhi

### Die „Sieben Todsünden der modernen Welt" nach Mahatma Gandhi

| | |
|---|---|
| *Pleasure without conscience* | *Genuss ohne Gewissen* |
| *Knowledge without character* | *Wissen ohne Charakter* |
| *Politics without principle* | *Politik ohne Prinzipien* |
| *Commerce without morality* | *Geschäft ohne Moral* |
| *Wealth without work* | *Reichtum ohne Arbeit* |
| *Science without humanity* | *Wissenschaft ohne Menschlichkeit* |
| *Worship without sacrifice* | *Religion ohne Opferbereitschaft[18]* |

Zivilisationskritik – grundlegend, prinzipiell und radikal – ist zurzeit en vogue. Schon ein kurzer Gang durch die Auslage einer beliebigen Buchhandlung spricht hier Bände: Es fängt an mit der Art, wie wir denken: „Langsames Denken" (Daniel Kahnemann), „Die Kunst des klaren Denkens" (Rolf Dobelli), „Selbst denken" (Harald Welzer). Es geht über die Frage, wie wir leben, essen, konsumieren – und uns selbst und die Schöpfung dabei erschöpfen: „Anständig essen" (Karen Duve), „Leben als Konsum" (Zygmunt Baumann), die „Müdigkeitsgesellschaft" (Byung Chul-Han). Bis hin zur grundlegenden Infragestellung der Systeme: „Die Entscheidung: Kapitalismus vs. Klima" (Naomi Klein). Um es mit dem Protagonisten aus den Känguru-Chroniken zu sagen: „Profitieren auch Sie vom Klima der Angst. Schreiben Sie jetzt einen Ratgeber."[19] Es knirscht in den tragenden Balken unserer Gesellschaft. Ein weit verbreitetes Grundgefühl, das auch in vielen Veranstaltungen der Evangelischen Akademien begegnet, ist, dass es „irgendwie nicht stimmt".

Der eingangs zitierte Text von Mahatma Gandhi wurde vor fast 100 Jahren, am 22. Oktober 1925 erstmals in der Zeitschrift „Young India" veröffentlicht. Er ist so etwas wie ein Urdokument der Zivilisationskritik am Anfang der Moderne. Das Unbehagen an der Moderne ist so alt wie sie selbst. Der Text öffnete einen hilfreichen, anderen Blick auf aktuelle Herausforderungen der Gesellschaft.

Interessant an ihm ist zunächst, dass er direkt und ungehemmt von „Sünde" redet: „seven social sins" – so der Originaltitel. Heute steht der Begriff der Sünde eher auf der roten Liste der vom Aussterben bedrohten theologischen Begriffe sehr weit oben, zumindest was den kirchlichen Sprachgebrauch betrifft. In kirchlichen Verlautbarungen muss man lange nach ihm suchen, wenn man ihn überhaupt findet. Zu moralisch, zu verbraucht, zu viel schlechtes Gewissen. Er ist abgewandert in den Bereich von Sexualität (rote Strapse), von Ästhetik (rote Stricksocken) und der Ernährung (rote Wurst). Was schade ist, weil damit leicht auch eine genuin theologische Perspektive verlorengeht.

Gandhis These ist, dass die Probleme unserer Zivilisation etwas mit Religion zu tun haben, damit, woran wir glauben: mit unserem Bild von Gott, vom Menschen, vom Leben, von der Welt. Mit dem, woran unser Herz hängt. Eine existentielle Tiefendimension. Aufschlussreich ist dabei, wie Gandhi die alte katholische Lehre von den sieben Todsünden aufnimmt. Der Lasterkatalog der sieben klassischen Todsünden beschrieb individuelle Triebe und Eigenschaften: Hochmut, Geiz, Wollust, Neid, Zorn, Völlerei, Faulheit. Gandhi überträgt dies in den Bereich des sozialen Lebens, er entgrenzt es und kehrt die Wertung um: Sünde ist potentiell alle Arbeit, Wissen, Religion, Politik – im Grunde alle Felder menschlichen Zusammenlebens. Es geht um das, was man heute strukturelle und kulturelle Sünde nennt. Und das Wesen der Sünde beschreibt er dabei als eine „Ohne-Relation". Die sozial differenzierte, segmentäre Gesellschaft wird in ihren jeweiligen Bereichen – Wirtschaft, Politik, Wissenschaft, Religion, Recht – zur Sünde, wenn sich diese von ihren jeweils spezifischen Teilaufgaben lösen. Und die Teilsysteme werden es vor allem dann, wenn sie den Bezug zum Menschen verlieren.

Die zweite Begriffsreihe bewegt sich gegenüber der ersten stärker auf der individuellen Ebene: Gewissen, Charakter, Prinzipien, Moral. Sünde ist eine strukturelle, kulturelle Größe und sie hängt zugleich an dem, was der einzelne Mensch tut. An seiner Moral, seinem Charakter, seiner Arbeit, seinem Gewissen, seinen Prinzipien, seiner Opferbereitschaft, seiner Menschlichkeit. Diese Verschränkung von Sozialität und Individualität, von Strukturen und konkreter persönlicher Verantwortung ist wichtig. Sie steht einer verharmlosenden Privatisierung der Sünde

ebenso entgegen wie der selbstgerechten Haltung von steine-
werfendenden Weltverbesserern, die immer nur das System und
nicht den einzelnen Menschen im Blick haben. Oder um es mit
dem Gießener Philosophen Odo Marquard zu sagen: Es ist immer leichter, für andere Gewissen zu sein, als selbst Gewissen zu
haben.[20]

Die „seven social sins" nach Gandhi sind so eine im positiven
Sinne anstößige Zivilisationskritik. Ihr Defizit liegt m.E. allerdings darin, dass sie die Tiefe dessen, worum es religiös in der
Sünde geht, noch nicht erreichen. Das zeigt sich in der Reihe der
positiven Begriffe wie Moral, Prinzipien, Charakter, mit denen
sich der Sünde nicht begegnen lässt. Vielmehr sind sie selbst Teil
ihrer Wirksphäre. Das Problem des religiösen Extremismus ist
sicher nicht der Mangel an Opferbereitschaft. Auch Politikern
wie Trump, Erdogan oder Putin mangelt es sicher nicht an Prinzipien, zweifelhaft ist nur, ob es die richtigen sind. Und die ethi-
schen Ambivalenzen von Genforschung oder Nanotechnologie
lassen sich nicht einfach durch den Verweis auf Menschlichkeit
beantworten.

Auch dies gehört zu den Einsichten, welche die Rede von der
Sünde in die Frage gegenwärtiger Zivilisationskritik eintragen
könnte: Dass nämlich das Gesetz – und dazu gehören Begriffe
wie Moral, Charakter, Prinzipien, Opferbereitschaft – die Sünde
in ihren Auswirkungen zwar begrenzen, zügeln, eindämmen
kann, dass es aber auch selbst durch die Sünde verkehrt werden
kann. Und dass das Gesetz vor allem niemals von der Sünde
wirklich frei machen kann.

Dazu bedarf es eines anderen, freisprechenden Wortes, des
Evangeliums.

Womit wir bei der Frage wären, welche Worte wir hier einsetzen würden. Die drei Geistesgaben nach Paulus – Glaube, Liebe, Hoffnung? (1. Kor 13,13) Die vier Kardinaltugenden von Plato – Gerechtigkeit, Weisheit, Tapferkeit, Mäßigung – als Ordnungsprinzip des Einzelnen wie der Gesellschaft? Oder die unbedingte Liebe Gottes wie bei Augustin: „Liebe und, was du willst, tue" (dilige et quod vis fac)[21]? Ich glaube, dass die Frage nach Wahl der rechten Worte nur persönlich beantwortet werden kann. Die Worte der anderen können einem wie „geliehene Kleider" helfen, um eine Zeit darin zu gehen. Bis man für sich selbst die „eigene Sprache der Freiheit" findet.

Mit den sieben Todsünden nach Gandhi habe ich begonnen. Mit den zehn bevorzugten Worten nach Albert Camus möchte ich schließen. Auch wenn Camus als existenzialistischer Philosoph diese Worte niemals mit Glauben oder Gott in Verbindung gebracht hätte, drückt sich in ihnen etwas von der Höhe, Weite und Tiefe des Lebens aus, um die es im Leben und im Glauben geht. In seinem Tagebuch schreibt er im Jahr 1951:

*„Antwort auf die Frage nach meinen zehn bevorzugten Wörtern: ‚Die Welt, der Schmerz, die Erde, die Mutter, die Menschen, die Wüste, die Ehre, das Elend, der Sommer, das Meer'."*[22]

## 9. Von der „Freiheit, frei zu sein"

Die Passion als Antiwestern[23]

### Die Passion als Antiwestern

Ein Mann reitet in eine Stadt. Das ist der klassische Beginn eines Westerns. Der einsame Reiter, der skrupellose Bösewicht, zwischen ihnen die schöne Frau. Streit im Saloon, der Ritt durch die Wüste, am Ende der Show-Down – draußen vor der Stadt. Es ist die Verheißung, dass einmal einer kommen wird: Einer, der das Gute wieder zu seinem Recht bringen wird und der das Recht wieder gut macht. Ein einsamer Reiter als Rächer der Witwen, Waisen und Unterdrückten. Einer, der den Bösen ein für alle Mal das Handwerk legt.

Ein Mann reitet in eine Stadt. Das ist zugleich der Beginn der Karwoche, die wir an Palmsonntag begehen. Und wie im Western kommt es hier auf die kleinen Zeichen am Anfang an. In ihnen spiegelt sich bereits der weitere Gang der Dinge: Die Palmzweige und Kleider auf der Straße. Die jubelnde Menge. Und der Esel, vor allem der Esel. Messianische Fallhöhe und Brechung in einem: Es ist klar, dass das nicht gut ausgehen wird.

Auch sein Kommen ist die Erfüllung einer alten Verheißung: *„Siehe, dein König kommt zu dir sanftmütig und reitet auf einem Esel und auf einem Füllen, dem Jungen eines Lasttiers. [...] Hosianna dem Sohn Davids! Gelobt sei, der da kommt im Namen des Herrn! Hosianna in der Höhe!"* (Mt 21,5.9)

Doch der, der da kommt, ist das Gegenbild des klassischen Helden. Dieser Sohn Davids wird die verhassten Römer nicht aus dem Land treiben. Als politischer Retter Israels ist er ein Flop. Er wird das heilige Jerusalem nicht zu neuem Glanz führen. Im Tempel wird er ein paar Tische umwerfen, ja. Aber die Legionen seines Vaters bleiben im Himmel. Und das Schwert seiner Jünger in der Scheide.

Es ist ein sanftmütiger König, eselsförmig. Am Ende wird er am Kreuz sterben, und der Mörder wird freigelassen. Elend, verlassen, verflucht stirbt er draußen vor der Stadt. Die Passion als Anti-Western. Die Revolution vertagt?

### Die „Freiheit, frei zu sein"

Im Jahr 2018 erschien posthum der Essay von Hannah Arendt: „Die Freiheit, frei zu sein" in deutscher Übersetzung[24]. Ein kleines Bändchen von hoher aktueller Bedeutung. In ihm beschäftigt sich die Philosophin mit dem, was sich in vielen Ländern und gesellschaftlichen Bereichen zu ihrer Zeit wie aktuell ereignet: Revolution.

Revolutionen im Sinne radikaler Umbrüche politischer Verhältnisse, die sich rasch vollziehen und oft mit Gewalt einhergehen, gibt es schon lange. Und sie jährten sich im Jahr 2018 zu Hauf: 1848, 1918, 1968. Zudem 200 Jahre Karl Marx. Unser heutiges Verständnis von Revolution ist dagegen noch ziemlich jung.

Der Begriff wurde erstmals im 15. Jh. eingeführt – zunächst schlicht als astronomischer Fachbegriff für den Umlauf der Himmelskörper. Selbst die großen Revolutionen, die *Glorious Revolution* und die Französische Revolution, wurden, so Arendt, in ihren Anfängen entsprechend nur als Restauration verstanden: als „re-volvere", als ein „Zurückwälzen", das Wieder-Herstellen eines ursprünglichen Status quo.

Erst im Zuge der französischen Revolution entstand dann ein anderes Verständnis, dass es um die Entstehung einer ganz neuen politischen Ordnung geht und darin zugleich um die Gewinnung einer neuen Form der Freiheit: um die „*Freiheit, frei zu sein*". Revolution in diesem Sinne zielt auf mehr als auf eine Befreiung von Ketten und auf die Ausweitung von Bürgerrechten auf einen breiteren Kreis. Es geht in ihr um die tiefe Freiheit der Menschen, als politische Wesen die Spielregeln der Demokratie selbst gestalten zu können. *Und* um die Freiheit ein individuelles, selbstbestimmtes Leben führen zu können.

Politische Autonomie des Volkes einerseits *und* wirkliche Privatsphäre des Einzelnen andererseits.

### Revolution des Himmels

Die „Freiheit frei zu sein": Das ist der Zielpunkt der Revolution: der politischen Revolutionen der Neuzeit auf den Straßen und der religiösen Revolution des Himmels damals in Jerusalem. Mit Matthäus gesprochen: um die neue universale Herrschaft des auferstandenen Gekreuzigten (Mt 28,18–20). In ihr sind das

„Gesetz" und die alten Verheißungen der „Propheten" in revolutionärer Weise erfüllt.

Deswegen musste der Eselsreiter damals scheitern. Deswegen durfte er *die* Bösen nicht töten, weil es *das* Böse zu überwinden galt. Deswegen brauchte es einen, der sich selbst als Opfer hingibt, um die Logik von Opfer, Rache und Gewalt ein für alle Mal zu durchbrechen.

Paradox gesprochen: Christus revolutionierte den Himmel, indem er Gesetz und Propheten erfüllte. Er „re-volvierte" sie, d.h. wälzte sie zurück in ihre eigentlichen Bestimmungen. Und genau daraus ereignete sich das Neue: die „bessere Gerechtigkeit" (Mt 5,20).

### Der Eselsreiter

Der Esel gilt erst in der Neuzeit als sprichwörtliches Symbol für Sturheit und Dummheit. Zugleich wird er aber auch als „Denker unter den Tieren"[25] angesehen, etwa als revolutionärer Anstifter bei den Bremer Stadtmusikanten (Grimm: „Etwas Besseres als den Tod finden wir überall.") oder als mürrisch-beobachtender Intellektueller in George Orwells Animal Farm (1945). In der Bibel galt er als normales Reittier von Reichen und Kriegern. Er nimmt zugleich eine Sonderstellung ein, weil er als einziges Tier (neben der Schlange) zum Menschen spricht und nur seine Erstgeburt (wie beim Menschen) nicht geopfert, sondern durch ein Opfer ausgelöst wird (3. Mose 22,28; 2. Mose 34,20).

Im Blick auf das Leben Jesu verbindet sich mit ihm eine Brücke von Advent (Stall) und Passion (Einzug). Es ist Zeichen der Herrschaft und der Demut zugleich: Als Eselsreiter ist Jesus Herr *als* Knecht und religiöser Revolutionär *als* Schrifterfüller in einem. Und der Esel das Symbol des christologischen Understatements par excellence.


### Esel und Drache

Der Offenbacher Hochschullehrer und Konzeptkünstler Manfred Stumpf hat sich in seinem zeichnerischen Lebenswerk ganz auf das Motiv des Einzugs Jesu konzentriert. Variationen seiner immer wieder neuen künstlerischen Auseinandersetzung mit der Geschichte sind u.a. auf dem Wandfries (Mosaik) an der U-Bahnhaltestelle Habsburgerallee, Frankfurt am Main zu sehen.[26] Interessant ist dabei die zeichnerische Reduktion auf die archetypischen Grundelemente der Geschichte: die Spannung von Natur (Palmzweig) und Kultur (Stadt), von Mensch und Tier, die Situation des Übergangs (Tor). Die Christus-Geschichte öffnet sich so zu einer Geschichte der Entwicklung des Menschen.

Stumpf entwickelt in seinem Werk zudem eine Parallele zum Motiv des Heiligen Georgs als Drachentöter. Die Figur des Antihelden wird hier jedoch wieder heroisiert (von Christus zum Ritter), an die Stelle des Esels tritt das Schlachtross, das Böse wird als Drache animalisch personifiziert.

Georg tötet als Ritter heldenhaft das Böse, Christus dagegen lässt sich als Eselsreiter heilvoll von ihm töten.


### Weg zur Freiheit

Christus lebt die Freiheit des wahren Menschen, der selbst Teil des Wirkens Gottes wird. Gerade in der widerstreitenden

Erfahrung des Kreuzes kommt beides zusammen. Darin lebt und erfährt er eine Freiheit höherer Ordnung.

Dieser Gedanke einer fortschreitenden Einübung der Freiheit durch Zucht, Tat und Leiden hindurch bis hin zur Auseinandersetzung mit dem eigenen Tod spiegelt sich auch in der poetischen Skizze von Dietrich Bonhoeffer „Stationen auf dem Weg zur Freiheit" (1944):

> *„Freiheit, dich suchten wir lange in Zucht und in Tat und in Leiden.*
> *Sterbend erkennen wir nun im Angesicht Gottes dich selbst."*[27]

Passion und Karwoche haben in diesem Sinn viel mit der Glaubenshaltung einer „abschiedlichen Existenz"[28] zu tun, eines Lebens aus dem Tod heraus und eines Sterbens in das Leben hinein.

Mit Psalm 90,12 beten wir in der Kirche: *„Herr, lehre uns bedenken, dass wir sterben müssen, auf dass wir klug werden."* Von Ostern her sollten wir beten: *„Herr, lehre uns bedenken, dass wir auferstehen, auf das wir frei werden."* Ein Leben in tiefer Freiheit, frei von allen Mächten, Ängsten und Zwängen. Ein Leben, über das der Tod schon jetzt keine Gewalt mehr hat. Ein Leben im Glanz der Ewigkeit, wenn unsere Seelen sich weiten, weil sie Gottes Gegenwart atmen. Ein Leben im Angesicht des Eselreiters Jesus Christus, der als die Liebe selbst den Tod besiegt hast. Ein Leben, dessen Rechnung in dieser Welt nicht aufgeht, weil es mit dir, Gott, rechnet.

## 10. DER PROPHET AUF DER PALME

### Glaube – Politik – Stadt

Eines der, wie ich finde, witzigsten Bücher der Bibel ist die Jona-Geschichte. Es ist zugleich eine Geschichte über ein Kerngeschäft von Theologie: die Vermittlung von Glaube, Politik und Stadt. Kuscheln Sie sich also bequem auf Kissen, Klappstuhl, Küchenbank. Ich erzähle Ihnen die Geschichte.

Da bekommt Jona von Gott den Auftrag, der Stadt Ninive das kommende Gericht Gottes anzusagen. So weit, so klar. So etwas gehört zum Stellenprofil, wenn man Prophet ist. Doch Jona haut ab, stracks in die andere Richtung.

Anstatt nach Ninive zu gehen, flieht er mit dem Schiff an den Rand der damals bekannten Welt nach Tarsis. Quasi irgendwo hinter Honolulu.

Und Gott greift *zum ersten Mal* ein. Er schickt einen Sturm. Die heidnischen Seeleute rudern und schmeißen die Ladung über Bord und schreien in ihrer Not – ein jeder zu seinem Gott. Nur Jona liegt unten im Schiff und schläft.

Bis ihn der Schiffsherr weckt und ihn, den Propheten, auffordert zu seinem Gott zu beten: „Vielleicht kann er uns helfen." Doch am Ende hilft all das Beten nichts. Da werfen die Seeleute das Los, wer an dem Unheil schuld sei.

Das Los trifft Jona. Alle Blicke richten sich auf ihn. Und er erzählt ihnen seine Geschichte und die Geschichte seines Gottes, des Gottes, der Himmel und Erde gemacht hat. Und er fordert sie auf, ihn, den Fremdling, über Bord zu werfen. Das Boot ist schließlich voll. Also raus mit dem Fremden. Das kennt man. Doch noch einmal kämpfen und rudern und mühen sich die Heiden für ihn ab. Er ist schließlich ein Mensch – wie sie. Doch vergeblich. Am Ende müssen sie ihn über Bord werfen. Und das Meer wird still und lässt ab von seinem Wüten.

Da handelt Gott **zum zweiten Mal**. Diesmal schickt er einen großen Fisch. Der verschluckt Jona. Nicht so schön.

Drei Tage und drei Nächte ist Jona dort unter dem Meer, im Bauch des Fisches. Bei Magensäure und Kiemengeruch. Und jetzt, erst jetzt beginnt er zu beten, zu singen. Ein bewegendes Lied von dem Gott, der aus dem Tode rettet. Und der Fisch spuckt ihn ans Land. Da gibt Gott Jona erneut den Auftrag, Ninive den kommenden Untergang anzusagen. Und diesmal gehorcht er. Jona geht nach Ninive, eine Stadt, drei Tagesreisen groß. Jona wandert lange durch die Stadt, einen ganzen Tag. Und dann, dann beginnt er zu predigen – gegen die Stadt und ihre Menschen und die Bosheit, die dort herrscht. „Noch vierzig Tage, dann wird Ninive untergehen." Doch nun passiert das, was – paradoxerweise – vielleicht das Schwerste für einen Propheten überhaupt ist: Die Leute glauben ihm. Der König, die Bettler, die feinen Damen, die einfachen Mägde, selbst das Vieh: Sie alle fasten, tun Buße, gehen sprichwörtlich in Sack und Asche. Buße, Umkehr, Lebens-Wandel: ein politischer Aufbruch, eine gesellschaftliche Revolution par excellence. Und Gott reut das angekündigte Unheil – und tut es nicht. Das macht

Jona zornig: „Ich hab's doch gewusst, dass du wieder gnädig bist. Deswegen bin ich ja nach Tarsis geflohen. Mir reicht es. Wie stehe ich denn jetzt da? Ach, wäre ich doch tot."

Da handelt Gott **zum dritten Mal**. Er lässt für seinen depressiven Propheten eine Staude wachsen. Einen großen Strauch, sehr zur Freude Jonas, der in seinem Schatten eine Hütte baut und dasitzt und abwartet, was mit der Stadt geschieht. Der Prophet in seinem Schrebergarten auf Beobachtungsstation. Doch so wie Gott die Staude hat wachsen lassen, so lässt er sie am nächsten Tag wieder verdorren. Nicht sehr freundlich. Und Jona zürnt wieder bis an den Tod: „Ach, wäre ich doch tot."

Da weist ihn Gott zurecht: „Du beklagst die Staude, um die du dich nicht gemüht hast. Die in einer Nacht wächst und in der anderen dürr wird. Und ich sollte nicht Ninive beklagen, in der mehr als 100.000 Menschen leben, die nicht wissen, was rechts oder links ist, dazu auch viele Tiere?"

*Glaube – Politik – Stadt*. Wie hängen die drei nun zusammen?

Der Glaube an Gott, an den Gott, der Himmel und Erde gemacht hat und vom Tode errettet, ist *zum ersten* keine Privatsache für fromm gestimmte Menschen. Keine religiöse Schrebergarten-Kultur. Kein Glück im Winkel für den Propheten unter der Palme, der so leicht auf die Palme geht. Gott jammert die ganze Stadt, nicht nur das Schicksal der Glaubenden, der Frommen, der Kirchenmitglieder. Sondern von Juden, Christen, Muslimen, Buddhisten, Hindus, Atheisten, Agnostikern, Zweiflern gleichermaßen. „Und die große Stadt mit ihren vielen hunderttausend Menschen, die nicht wissen, was rechts oder links ist, dazu auch viele Tiere." Gott geht es um alle. Zu glauben, heißt daher immer, sich um die ganze Stadt zu sorgen.

*Zum zweiten*: Das Beten lernt der Prophet von den „Heiden", von Menschen anderer Religion, die mit ihm im Boot sitzen: „Steh auf und bete. Vielleicht kann dein Gott uns helfen." Es ist schlicht die Größe der Not und die tiefe, menschliche Solidarität, die die Seeleute bewegt, sich gegenseitig in ihrem Glauben zu fordern: „Steh auf und bete. Vielleicht kann dein Gott uns helfen." Es war ein bewegender Moment, als Navid Kermani bei der Verleihung des Friedenspreises des Deutschen Buchhandels in der Frankfurter Paulskirche im Jahr 2015 von der Größe der Not der unter dem IS-Terror leidenden katholischen Ordensbrüder in Syrien berichtete. Zum Schluss seiner Rede forderte er als Muslim die Christen und alle anderen auf, für diese Menschen, unsere Glaubensbrüder, zu beten.[29] Dann geht es nicht mehr darum, am Ende religiös Recht zu behalten. Sondern es geht darum, an der Seite anderer Menschen zu stehen und sich von Gott zum Heil der Welt bewegen zu lassen.

*Und zum dritten*: Ja, die Kultur der Stadt braucht Menschen, die den Mut haben, von ihrem Glauben zu reden.

Sie braucht es, dass Einzelne aufstehen und zur Umkehr, zum Umdenken, zur Änderung unseres Lebenswandels aufrufen. Wie Jona. Damit „Ninive" nicht untergeht, wenn wir in den vielen Krisen unserer Zeit mal wieder nicht wissen, wie es weitergeht. Wenn unser innerer Kompass wieder einmal verrücktspielt und wir die Orientierung dafür verloren haben, wo „rechts und links", oben und unten ist, worum es im Glauben an Gott und in der Liebe zum Nächsten geht. Solche Kassandra-Menschen sind oft anstrengend: Sie stören den Ablauf, sie nerven – eben, weil sie anderes sehen, denken, glauben. Doch wir brauchen sie. Ihren Mut aufzustehen und zur Umkehr zu rufen.

Was Stadt und Politik dagegen nicht brauchen, sind Unheilspropheten, die in ihre eigene Schreckensbotschaft verliebt sind – auch wenn sie noch so recht haben mögen. Menschen, die mit ihren Ansagen Recht behalten wollen – und koste es das Leben der Stadt. Zur Buße im evangelischen Sinn gehört immer auch die Bereitschaft, sich selbst von der unbegreiflichen Liebe Gottes überraschen zu lassen.

### Glaube – Politik – Stadt

Bleibt zum Schluss die Frage, was Jona entdeckte, als er einen Tag durch Ninive ging. Sah er nur Sünden, Laster, Verfall und Untergang? Ein großes Sodom und Gomorrha? Oder hatte er auch Augen für die besonderen Orte des religiösen Aufbruchs und des kulturellen Wandels? Für die Wüsten der Stadt, in denen die Menschen in sich gehen, zur Besinnung kommen, umkehren – wie einst in der Wüste Sinai. Für die Berge der Stadt, auf denen Gott sich Menschen zeigt, sie seine Gebote lehrt, der Himmel offensteht – wie einst am Berg Horeb. Für die stillen Orte der Stadt, an denen sich auf wundersame Weise neues Leben ereignet – wie einst am See Genezareth. Es ist ein anderer Blick auf dieselbe Stadt, wenn man beginnt nach solchen Orten religiösen Aufbruchs und politischen Wandels zu schauen.

Schenke Gott uns offene Augen, um solche Orte zu entdecken – in Ninive, Frankfurt, Tarsis oder wo immer er uns hinführt.

## 11. Vom Verblassen des Himmels und dem Blau der Liebe

Ein Problem der Gegenwart ist, dass uns irgendwie der Himmel abhandengekommen ist. Das ist ein echtes Problem. Geht es doch um die Frage, auf was hin wir leben, lieben, glauben, hoffen. Hier und jetzt und über den Tod hinaus. Bis in alle Ewigkeit. Wie es einmal sein wird – mit uns selbst, mit unseren Lieben und unseren Feinden, mit allen Menschen, Tieren, Pflanzen, die einmal gelebt haben, mit der gesamten Schöpfung.

Einfach war es mit dem Himmel ja nie. Angesichts der unmittelbaren Erfahrung menschlichen Leidens und von Menschen gewirkter Grausamkeiten ist es schon immer einfacher gewesen, sich die Hölle vorzustellen. Und sie ist zugleich auch wesentlich interessanter. Das zeigt sich exemplarisch in modernen Filmen ebenso wie in klassischer Kunst, etwa in den Werken von Hieronymus Bosch: Teufel und Dämonen, Folter und Fegefeuer, ewige Spiegelstrafen für irdische Sünden – daraus lässt sich etwas machen. Die Hölle, so die Vorstellung, ist das radikalisierte und auf Dauer gestellte Leid der Gegenwart – nur mit umgekehrten Vorzeichen: Täter werden Opfer. Der Himmel bleibt dagegen unvorstellbar, verschwommen, das irgendwie erhoffte

Andere. Filmisch bzw. künstlerisch schnell vom Licht überblendet, um nicht zu kitschig zu werden.

Sodann gibt es da das Problem, dass niemand „zurückgekommen" ist und verlässlich befragbar wäre. Im Neuen Testament wird diese unbedingte Grenze sehr eindrücklich beschrieben im Gleichnis „Vom reichen Mann und armen Lazarus" (Lk 16,19–31). Der namenlose Reiche scheitert darin kläglich bei seinem Versuch, aus dem Hades, der Scheol heraus noch ein letztes Mal seine guten Beziehungen spielen zu lassen, diesmal zu Vater Abraham höchstpersönlich. Weder schafft er es, etwas von den irdischen Herrschaftsverhältnissen über den Tod hinaus zu retten (*„sende Lazarus, damit er ... mir die Zunge kühle"*). Noch gelingt es ihm, seine eigenen negativen Erfahrungen als religiöses Herrschaftswissen zu vermitteln, um wenigstens für die Seinen etwas herauszuschlagen (*„sende ihn in meines Vaters Haus"*). Nein, Lazarus, der unbeachtete Bettler mit den Geschwüren unterm Tisch bei den Hunden, der jetzt einen Namen trägt, bleibt in Abrahams Schoß. Und wir bleiben wie die zahlreichen Brüder des Reichen in der Unsicherheit, ob es denn wahr ist mit dem Leben nach dem Tod und wie es dort aussieht. Der Tod bleibt erkenntnistheoretisch eine harte Grenze und der Himmel außerhalb des Bereichs empirisch verifizierten Verfügungswissens. Auch in dieser Geschichte erscheint der Himmel nur metaphorisch verschwommen (*„von den Engeln getragen in Abrahams Schoß"*) gegenüber den sehr anschaulich geschilderten Zuständen in der Hölle.

Endlich lauert dort, wo es doch einmal konkreter wird, nicht nur die Gefahr des religiösen Kitsches. Der Himmel diente vor allem allzu oft zur billigen Jenseitsvertröstung. Religiöse Blüten an den Ketten der Unterdrückten (Marx). Eine Projektionsfläche frommer Wünsche für „Kinder und Bettler, hoffnungsvolle Toren" (Goethe)[30]. Nach dem Tal voll „Jammer, Trübsal und Elend" hier, dort der Gipfel himmlischer „Wonne, Sonne, Seligkeit". So fremd und abgeschmackt wie die Worte wirkt dann vielfach auch die Vorstellung des Jenseits selbst. Der Himmel ist verblasst. Nur in romantischen Reservaten fristet er noch eine klägliche Rest-Existenz: der „siebte Himmel" als homöopathisch verdünnte Potenz, blumen-wolkige Bilderwelten von Hochzeitsgeschäften und Floristen am Valentinstag. Brav und bieder bis zur Blödigkeit.

So schwierig es auch immer mit dem Himmel war, sein Verlust ist ein echtes Problem. Uns ist eine positive Gegenwelt verloren gegangen, eine unbedingte, aktivierende Hoffnung gegen Leiden, Krieg, Krankheit, Armut und Tod in diesem Leben. Eine Perspektive, die den Blick in die Ewigkeit weitet – über den Tellerrand des eigenen kleinen Lebens hinaus. Ein Ort ausgleichender Gerechtigkeit, damit Gewalt, Unrecht und Unterdrückung am Ende nicht siegen werden. Bei allen Schwierigkeiten war diese Perspektive früheren Zeiten klarer gewesen: Einmal wird es anders werden. Dann wird der Tod nicht das letzte Wort haben. Und auch nicht das Böse in dieser Welt.

Mit dem Verblassen des Himmels hat sich zugleich unser Lebensgefühl im Hier und Jetzt verändert. Das Leben ist zur „letzten Gelegenheit" geworden[31], der Urlaub zum Paradiesersatz. Es gilt intensiv zu erleben, glücklich zu sein, nichts zu verpassen – und dies den anderen zu posten. „Denn morgen sind wir tot" (1. Kor 15,32; Jes 22,13). Das Leben als Anhäufung möglichst vieler himmlischer Glücksmomente, die am Ende doch alle vergehen.

Als Kirche, als Glaubende stehen wir vor der Aufgabe, neu vom Himmel zu sprechen, in neuen Bildern, in anderer Sprache, in ungewohnten Farben, Formen, Gerüchen. Weil wir nicht schweigen dürfen von der Hoffnung, die in uns ist. Wir müssen neu vom Himmel sprechen, um wach zu werden. „Wacht auf, denn eure Träume sind schlecht" (Günter Eich)[32]. Um dem verzweifelten Stress des Glücklich-Werden-Müssens etwas entgegenzusetzen. Um den flüchtigen Moment als einen Augenblick im Licht der Ewigkeit Gottes wahrzunehmen, in der alles Leiden und alle Liebe, die wir einander tun, erinnert sind. Um Hass, Unrecht und Gleichgültigkeit ins Wort zu fallen.

Im Judentum sind „die Himmel" (ha schamajim) oft ein Synonym für Gott. Von beiden lässt sich m.E. am angemessensten in einer Sprache der Liebe reden. Ich glaube daher, dass wir lernen müssen, neu vom „Blau der Liebe" zu sprechen.

### Vom Blau der Liebe

*Die Farbe der Liebe ist nicht rot.*
*Sie ist blau, himmels-blau.*
*Gott wusste, was er tat, als er den Himmel färbte.*
*Blau, weil sie auch das Leiden,*
*die Kälte, den Schmerz mit umgreift.*
*Blau, weil sie Ewigkeit atmet,*
*sich das Meer in ihr spiegelt,*
*die blaue Blume aus ihr erwächst.*
*Blau, weil sich einem diese Liebe, der Himmel, Gott*
*oft in blauen Stunden erschließt.*

Der Liebe, dem Himmel und Gott wird man wohl in poetischer Sprache am ehesten gerecht. In einer Sprache, die etwas wagt. Die den Sprechenden mit einbezieht. Und die immer zugleich um die Begrenztheit, Gebrochenheit, Uneigentlichkeit der eigenen Sprachversuche weiß.

Das ist es, was mich zunehmend mehr an kirchlicher und theologischer Rede stört. Wenn wir in der Kirche eine Sprache sprechen, der die poetische Kraft verlorengegangen ist. Eine Sprache, die von Wundern, Himmel, Auferstehung, letztlich von Gott oft nichts Berührendes mehr zu sagen hat. Eine Sprache, die nicht um der Liebe willen Kopf und Kragen riskiert. Sondern die sich ans eigene Beffchen klammert und allzu oft die immer gleichen Bilder und Begriffe wiederkäut. Religiöse Rede ist riskant oder sie ist nicht religiös. Sonst ist sie bloß ein Reden über Religion. Für den Gang auf die Kanzel braucht es daher eine geistliche Gefahrenzulage. Der theologische Risikofaktor ist für mich ein wichtiges Qualitätskriterium einer gelungenen Predigt. Weil wir vom Himmel eben nur reden können, wenn wir uns – um Gottes und des Menschen willen – weit aus dem Kirchenfenster lehnen.

Von Schleiermacher stammt dazu die kluge Unterscheidung von heterodox und häretisch[33]. Häretisch, also „anderes" lehrend, und somit theologisch problematisch wäre es, etwas zu verkündigen, was dem christlichen Glauben widerspricht. Als Christen glauben wir etwa nicht an ein Rad der Wiedergeburten, ein ewiges Nichts oder eine Erlösung von dieser Welt. Heterodox, also „anders" lehrend, und theologisch notwendig dagegen ist es, für den Glauben an die Einmaligkeit des Lebens, die Auferstehung und die Hoffnung für die ganze Schöpfung immer wieder eine neue, angemessene und berührende Sprache zu finden. Wenn wir heute ganz rechtgläubig und orthodox einfach das Gleiche sagen wie frühere Zeiten, sagen wir eben nicht mehr das Gleiche.

Im Rahmen der vierten Kirchenmitgliedschaftsuntersuchung der EKD hat eine der Befragten die Hoffnung auf die Auferstehung und den Himmel einmal, wie ich finde, sehr treffend so ausgedrückt: *„Wir werden uns alle noch wundern.“*[34] In diesem Satz, so die Frau, stecke für sie alles drin. Zum einen wird es ganz anders sein, als wir es uns denken: Wir werden uns wundern. Zum anderen werden wir aber da sein, um uns überhaupt wundern zu können. Und zum dritten wird es wunderbar sein.

Eines der berührendsten Gedichte im Blick auf Himmel, Auferstehung, ewiges Leben ist für mich das bekannte Gedicht *„Ein Leben nach dem Tod“* von Marie-Luise Kaschnitz[35]. Es ist getragen von ihrer starken persönlichen Gewissheit im Blick auf die Auferstehung und zugleich von der Schwierigkeit, etwas Genaueres darüber sagen zu können.

> *„Glauben Sie fragte man mich*
> *An ein Leben nach dem Tode*
> *Und ich antwortete: ja*
> *Aber dann wusste ich*
> *Keine Antwort zu geben*
> *Wie das aussehen sollte*
> *Wie ich selber*
> *Aussehen sollte*
> *Dort“*

Die Dichterin schreddert im weiteren Gang dann kurzerhand die überlieferte Bildwelt der kirchlichen Lehrtradition mit ihrer himmlischen Verlängerung der irdischen Herrschaftsverhältnisse und mit dem klaren Schwarz-Weiß-Denken von Verfluchten und Heiligen. An ihre Stelle setzt sie eine zärtlich tastende Liebessprache. Ein leichtes theologisches Tänzeln. Nur Satzfragmente, Wortfetzen, abgebrochene Zeilen. Zerbrechlich gewoben wie der seidene Faden eines Spinnennetzes. Keine fertige Lehre. Aber etwas, was sie umhüllt wie ein Kleid. Ein Gewand aus Liebesworten.

*„Ich wusste nur eines*
*Keine Hierarchie*
*Von Heiligen auf goldenen Stühlen*
*Sitzend*
*Kein Niedersturz*
*Verdammter Seelen*
*Nur*

*Nur Liebe frei gewordene*
*Niemals aufgezehrte*
*Mich überflutend*

*Kein Schutzmantel starr aus Gold*
*Mit Edelsteinen besetzt*
*Ein spinnwebenleichtes Gewand*
*Ein Hauch*
*Mir um die Schultern*
*Liebkosung schöne Bewegung*

*Wie einst von tyrrhenischen Wellen ...*
*Wortfetzen*
*Komm du komm"*

Es sind die fremden tyrrhenischen Wellen, die den Rhythmus des weiteren Gedichts tragen. Eine wogende Bewegung aus Berührungen und Worten, Schlafen und Wachen, gemeinsamer Lektüre. Das Meer als Symbol von Ewigkeit und sanft wiegender Geborgenheit. Tod, Schmerz und Tränen werden wie der Schlaf zum Durchgang: von der Vergangenheit über die Gegenwart zur Ewigkeit. Vom „schlief" über das „wache auf" bis zum „immer so fort". Die radikale Begrenzung alles Sagbaren auf Liebe und Freiheit. Ausgedrückt durch das doppelte „nur", Spiegel des reformatorischen „allein". Und die ganze Auferstehungshoffnung konzentriert sich dann in dem kleinen Schlüsselwort „wieder".

*Schmerzweb mit Tränen besetzt*
*Berg- und Talfahrt*
*Und deine Hand*
*Wieder in meiner*

*So lagen wir lasest du vor*
*Schlief ich ein*
*Wachte auf*
*Schlief ein*

*Wache auf*
*Deine Stimme empfängt mich*
*Entlässt mich und immer*
*So fort*

Die eigentliche Pointe liegt am Ende in der poetischen Um-
wertung der anfänglichen Unbestimmtheit. Dass wir nicht wissen, wie der Himmel genau aussieht, ist weder ein Mangel an
Klarheit, noch ist es ein Zeichen von Ungewissheit. Vielmehr
drückt sich darin eine Erwartungsoffenheit aus, die der schöpferischen Liebe Gottes und der menschlichen Hoffnung freien
Raum lässt. Diese Offenheit braucht es, wenn wir mit unseren
ganz einzigartigen Leben in diese Zukunft eingehen werden. Nur
wer das Blau des Himmels offenlässt, wird die Liebkosung der
tyrrhenischen Wellen spüren. So wie im trotzig getrosten Ende
des Gedichts:

*Mehr also, fragen die Frager*
*Erwarten Sie nicht nach dem Tode?*
*Und ich antwortete*
*Weniger nicht.*

## 12. Von Mokassins, Katzen-
## babys und Geiselnehmern

Gedanken zu Empathie

### 1. Von Mokassins, Katzenbabys und Geiselnehmern

Empathie steht in unserer Gesellschaft derzeit hoch im Kurs. Es gibt kaum einen Lebensbereich, in dem nicht das hohe Lied auf die soziale Kompetenz des Einfühlungsvermögens zu hören ist. Ob Führungskräfte, Kollegen, Lehrerinnen, Schüler, Politikerinnen, Hunde-/Katzenbesitzer, Mütter und Väter sowieso, Großeltern erst recht – für uns alle gilt der empathische Imperativ: „Fühle Dich ein in Dein Gegenüber. Nimm die Welt aus den Augen des Anderen wahr. Entwickle Deine emotionale Intelligenz." Oder das Ganze als indianische Weisheit: *„Urteile über keinen Menschen, ehe du nicht eine Meile in seinen Mokassins gegangen bist."*

Nun, auch wenn man Zweifel haben darf, ob das mit den Mokassins wirklich so eine klug durchdachte Idee ist: Die Sache mit der Empathie klingt doch erst einmal sehr einleuchtend – gerade in einer Gesellschaft, die immer pluralistischer wird. Die Gefühle des anderen wahrnehmen, sie verstehen und eventuell sogar nachempfinden, das ist sicher gut. Wer möchte schon mit einem Menschen reden, von dem man sicher weiß, dass er die eigenen Gefühle nicht versteht? Empathie als soziale Basis für eine bunte, offene Gesellschaft.

So überzeugend das alles klingt, erlauben Sie mir doch ein paar Disharmonien in den Lobgesang einzutragen.

Zunächst einmal: Mit Empathie allein ist noch nichts gewonnen. Manipulative Menschen oder gar Sadisten sind in hohem Maße empathisch. Sie handeln nur eben trotzdem oder gerade deswegen hochproblematisch. Pointiert formuliert: Wir müssen uns Joseph Goebbels als einen empathischen Menschen vorstellen.

Die Ambivalenz der Empathie zeigt sich sodann etwa bei Katzenbabys. Es ist wohl das Leitmotiv unserer empathischen Gesellschaft schlechthin: „Oh, wie süß". Der „cat-content" auf Youtube umfasst zig-Millionen von Videos. „Wollen Sie die Click-Zahl Ihres Internet-Auftritts erhöhen, schaffen Sie sich eine Katze an!" Die Frage ist nur: Wo sind eigentlich die Bilder von den Katzen, wenn sie alt, struppig, inkontinent werden, sie Würmer haben, ihnen die Haare ausfallen? Und auch Videos von Nacktmullen – obwohl ungefähr genauso groß wie Katzenbabys – findet man doch markant seltener. Unser Einfühlen in das Fremde ist radikal selektiv, nicht nur bei Katzen.

Zudem sind auch die Ergebnisse von Empathie oft nicht unproblematisch, mitunter geradezu irreführend. Das ist wohl ein Grund dafür, warum Menschen in früheren Zeit, wie etwa die Stoiker, die „A-pathie" priesen. Ein vernunftgemäßes Handeln, das sich gerade nicht von Gefühlen verwirren lässt. Ein Beispiel dafür ist das sogenannte Stockholm-Syndrom. Es beschreibt das eigenartige Phänomen, wenn Geiseln auf einmal anfangen, zu ihren Geiselnehmern zu halten anstatt zu den Polizisten, die sie befreien wollen. Vielleicht kennen Sie es auch von Krimis, die aus der Perspektive des Täters geschrieben sind. Man hofft, dass der Mörder irgendwie davonkommt, auch wenn man weiß, dass er es eigentlich nicht sollte.

Empathie: Sie ist manipulativ missbrauchbar, selektiv, mitunter irreleitend und unscharf. Sie changiert von der unmittelbaren Betroffenheit und Gefühlsansteckung („Sie lächeln – ich lächle"), über das emotionale Sich-Hineinversetzen und Nach-Empfinden (das Krankenschwestern-Wir: „Wie fühlen wir uns denn heute?"), bis zum perspektivischen Denken, der inneren Einnahme eines anderen Blicks.

Wir brauchen Empathie – aber wir brauchen sie in anderer Gestalt.

### 2. Fromme, Fremde und duale Erzählweisen

Der barmherzige Samariter gilt wohl als das kulturelle Leitbild für Empathie in christlicher Tradition schlechthin. Das Gleichnis lehrt Empathie in einer sehr besonderen Weise:

*„Und siehe, da stand ein Gesetzeslehrer auf, versuchte Jesus und sprach: ‚Meister, was muss ich tun, dass ich das ewige Leben ererbe?‘ Jesus aber sprach zu ihm: ‚Was steht im Gesetz geschrieben? Was liest du?‘ Er antwortete und sprach: ‚Du sollst den Herrn, deinen Gott, lieben von ganzem Herzen, von ganzer Seele und mit all deiner Kraft und deinem ganzen Gemüt, und deinen Nächsten wie dich selbst.‘ Und Jesus sprach zu ihm: ‚Du hast recht geantwortet; tu das,*

*so wirst du leben.' Er aber wollte sich selbst rechtfertigen und sprach zu Jesus: ,Wer ist denn mein Nächster?' Da antwortete Jesus und sprach: ,Es war ein Mensch, der ging von Jerusalem hinab nach Jericho und fiel unter die Räuber. Die zogen ihn aus und schlugen ihn und machten sich davon und ließen ihn halb tot liegen. Es traf sich aber, dass ein Priester dieselbe Straße hinab zog; und als er ihn sah, ging er vorüber. Desgleichen auch ein Levit: Als er zu der Stelle kam und ihn sah, ging er vorüber. Ein Samariter aber, der auf der Reise war, kam dahin; und als er ihn sah, jammerte es ihn; und er ging zu ihm, goss Öl und Wein auf seine Wunden und verband sie ihm, hob ihn auf sein Tier und brachte ihn in eine Herberge und pflegte ihn. Am nächsten Tag zog er zwei Silbergroschen heraus, gab sie dem Wirt und sprach: ,Pflege ihn; und wenn du mehr ausgibst, will ich dir's bezahlen, wenn ich wiederkomme.' Wer von diesen dreien, meinst du, ist der Nächste geworden dem, der unter die Räuber gefallen war?' Der Gesetzeslehrer sprach: ,Der die Barmherzigkeit an ihm tat.' Da sprach Jesus zu ihm: ,So geh hin und tu desgleichen!'"*
*(Lk 10, 25–37)*

Es ist eine höchst subversive Geschichte:

Sie ist zum einen subversiv, weil sie die Schlüsselfrage vom Anfang der Erzählung gleich auf doppelte Weise umdreht. Die Ausgangsfrage des Gesetzeslehrers zielt auf eine Abgrenzung, eine Definition. Und sie zielt auf den Nächsten als Objekt der Hilfe. „*Wer ist denn mein Nächster?*" „Wer sind die Menschen, denen wir helfen sollen?"

Und das schwingt ja auch mit: Wer gehört dann eigentlich nicht dazu? Wo ist es auch mal gut? Am Ende der Geschichte ist aus der Frage nach definitorischer Begrenzung ein Prozess geworden – und aus dem Nächsten als hilfsbedürftigem Objekt das

Subjekt des Helfens: „*Wer ist der Nächste geworden dem, der unter die Räuber gefallen war?*" Der Nächste ist hier der Mensch, der anderen hilft. Und er ist es nicht einfach, sondern er „wird" es durch seine Tat. Bei der Frage, wie wir mit den Schwächsten unserer Gesellschaft umgehen, geht es letztlich darum, wer wir selber sind, wer ich bin oder werde, ein Nächster oder ein Egoist.

Die Geschichte ist zum anderen subversiv, weil es ein moralisches crossover bei den Rollen gibt. Der Helfer ist der Samariter – der Andersgläubige, der Migrant, der Durchreisende. Nicht der Levit oder der Priester – die offiziellen Standes-Vertreter des religiösen Establishments.

Literarisch lässt sich das Gleichnis am besten als doppelte Erzählung beschreiben, als „dual narrative", eine Einübung in Multiperspektivität. Wir sehen das Opfer räuberischer Gewalt am Straßenrand aus zwei Sichtweisen, der Sicht der Frommen und der Sicht des Fremden. Da sind zunächst die beiden Frommen. Von ihnen wird jeweils gesagt: „*Und als er ihn sah, ging er vorüber.*" Mehr wird nicht gesagt. Kürzer und treffender lässt sich ihre Nichtanteilnahme nicht ausdrücken. Räumlich gesehen kommen ihre Wege dem anderen zwar unmittelbar nahe, aber sie werden nicht berührt. Sie sind und bleiben Passanten. Ist es Gleichgültigkeit, Indifferenz? Die Angst davor, sich unrein zu machen? Der Zeitdruck? Wir wissen es schlicht nicht. Sie sind auf dem Weg vom Opfern – und lassen das Opfer liegen. Immerhin: Sie machen kein Selfie, wie es heute an Unfall- und Tatorten geschieht.

Anders die Sicht des Fremden. Sie wird ausführlich und detailliert beschrieben. Zehn verschiedene Akte des Helfens sind es:

Jammern, Hingehen, Öl und Wein-Gießen, Wunden-Verbinden, Hochheben, Wegbringen, Pflegen, Geld-Nehmen, Geben, Sprechen. Wie das Musterbeispiel aus einem Handbuch für Ersthelfer. Bis hin zur Zusage, dass er wiederkommt. Ihre Lebenswege berühren sich nicht nur, sie schneiden sich wiederholt.

Die Empathie aber gilt in dem Gleichnis, wohlgemerkt, nicht dem Opfer. Sie gilt dem Helfer. Als Zuhörende müssen wir uns wie der Gesetzeslehrer damals für eine Sicht entscheiden: die Sicht der Frommen oder die Sicht des Fremden. Wir schauen als Dritte auf ihre Alternative. Es geht um das, was der Literatur- und Kulturwissenschaftler Fritz Breithaupt als eine *narrative Empathie* beschrieben hat.[36] Sie ist reflexiv vermittelt, weil es in ihr darum geht, wer wir selbst werden wollen und in welchem Licht wir von daher den Anderen sehen: Als ein Hindernis auf dem Weg meiner alltäglichen Erledigungen? Oder im Licht des ewigen Lebens, das mein Handeln hier und jetzt bestimmt?

### 3. Der Tod des Gleichnis-Erzählers

Die eigentliche Pointe der Geschichte liegt aber darin, dass Jesus, der Gleichnis-Erzähler, später selbst unter die Räuber fallen wird. Der Gleichnis-Erzähler wird selbst zum Teil des Gleichnisses. Auch Jesus wird man ausziehen, schlagen und halb tot hängen lassen. Nur, dass die Räuber bei ihm Römer sind. Soldaten mit der Lizenz zum Foltern. Alles korrekt. Alles unter dem Mantel staatlicher Legitimation. Auch an diesem Gewaltopfer werden die Frommen vorübergehen. Sie werden ihre Köpfe schütteln und spotten: *„Er hat andern geholfen und kann sich selber nicht helfen. Der Christus, der König von Israel, er steige nun vom Kreuz, damit wir sehen und glauben." (Mk 15,31f.)*

Hier sind sie jetzt, die hate-speech-Kommentare der anderen. Doch auch bei dem Gekreuzigten gibt es die andere Sicht, den Blick des Fremden. Diesmal ist der Fremde ein römischer Hauptmann: *„Wahrlich, dieser Mensch ist Gottes Sohn gewesen."* *(Mk 15,39)* Am Ende des Lebens Jesu ist es einer von der dunklen Seite der Macht, einer der Täter, der sein Leiden am besten versteht.

Womit wir bei der Frage sind, was das Leiden Christi eigentlich mit dem Leid in dieser Welt zu tun hat – und unserer Fähigkeit zur Empathie.

Die Pointe des Kreuzes Christi ist, dass es das ewige Leben, mein persönliches Heil nur zusammen mit dem Leid der Anderen gibt. Der Gleichnis-Erzähler ist selbst zum Teil des Gleichnisses geworden. Christus selbst stirbt am Kreuz, liegt halbtot geschlagen an der Straße, ist unter die Räuber gefallen: *„Was ihr einem dieser meiner geringsten Brüder getan habt (oder nicht getan), das habt ihr mir getan (oder nicht getan)."* *(Mt 25,31ff.)* Aus Empathie – als Berührtsein, Sich-Hineinversetzen, Nachempfinden – wird so Compassion: eine Gemeinschaft im Leiden. Weil Gott selbst – Grund, Halt und Ziel allen Lebens – zum Leidenden geworden ist.

## 13. „KILLING IDOLS"

Du sollst Dir kein Bildnis machen.[37]

Als evangelische Christen sind wir ja gemeinhin nicht gerade für eine besonders lustbetonte Lebensweise verschrien. Die Reformierten aber gelten als religiöse Spaßbremse par excellence. Und sie haben sich diesen Ruf auch über Jahrhunderte mühsam erarbeitet. Kein Tanzen, kein Trinken, keine Bilder. Stattdessen protestantische Arbeitsmoral und Nüchternheit. Da fällt es schon schwer, in der Fastenzeit überhaupt noch etwas wegzulassen. Die Reformierten als die, die zum Lachen in die Ewigkeit gehen.

Jetzt stamme ich selbst theologisch aus einer eher reformierten Tradition. Und – „Oops, I did it again". Da wurde ich auf freundlichste Weise eingeladen, in der Darmstädter Stadtkirche in der Reihe Kreuzwege zu einem Bild zu predigen. Und ich komme gleichsam nackt zur Party. Ohne Bild. Ohne künstlerischen Zugang. Mit einer geradezu schreienden Lücke auf dem Altar. So viel Spaßfreiheit bedarf einer rechtfertigenden Erklärung. Nun, Angriff ist die beste Verteidigung. Auch in Glaubensdingen. Deswegen gleich zu Beginn meine steile Gegenthese: Ich glaube, das Bilderverbot ist der eigentliche Sinn des Kreuzes.

*„Killing idols"*. Am Kreuz geht es darum, unsere Vorstellungen von Gott radikal zu irritieren, zu untergraben, zunichte zu machen.

- Unsere Vorstellung von einem abstrakten, allmächtigen Gott. *Gekreuzigt.*
- Unsere Vorstellung von einem erhabenen Herrscher, der das Böse in der Welt mit seinen himmlischen Heerscharen vertreibt. *Gekreuzigt.*
- Unsere Vorstellung von einem lieben, freundlich netten Herrn oben im Himmel. *Gekreuzigt.*

Pointiert formuliert: Was auch immer Sie auf einem Bild vom Kreuz Christi suchen mögen, eines werden Sie dort sicher nicht sehen: nämlich Gott. Sie würden einen leidenden Menschen sehen. Verhöhnt, gequält, gefoltert, grausam hingerichtet. Was Sie nicht sehen würden, ist Gott, wie er eingreift. Was Sie auf einem Bild vom Kreuz Christi sehen würden, wäre vielmehr die Lücke, die Leerstelle, das Fehlen Gottes.

*„Mein Gott, mein Gott, warum hast Du mich verlassen?"* Das Kreuz war und ist der Ort radikalster Gottverlassenheit. Das Ende all unserer religiös-frommen Gottesbilder. *„Killing Idols."*

Von dem Maler René Magritte stammt das Bild „La trahison des images", Der Verrat der Bilder (1929). Auf dem Bild ist eine Pfeife abgebildet. Darunter der Schriftzug „Ceci n'est pas une pipe", „Dies ist keine Pfeife." Dieser Satz sollte m.E. unter jeder Kreuzesdarstellung angebracht werden: *„Dies ist keine Kreuzigung."* Der Satz würde den Blick schärfen für die tatsächlichen Kreuzigungen. „Dies ist kein leidender Mensch." Es ist nur das

Bild eines Menschen, der verhöhnt, gequält, gefoltert und grausam hingerichtet ist.

Das Kreuz Christi macht nicht nur unsere Gottesbilder zunichte. Es durchkreuzt auch unser stilvollen Kultivierungen des Leidens Christi. *„Herr, wann haben wir dich hungrig gesehen und haben dir nicht zu essen gegeben? Oder durstig und haben dir nicht zu trinken gegeben? Wann haben wir dich als Fremden gesehen und haben dich nicht aufgenommen? Oder nackt und haben dich nicht gekleidet? Wann haben wir dich krank oder im Gefängnis gesehen und sind nicht zu dir gekommen? War es im Louvre, in der Moma, im Städel?" (nach Mt 25,31ff.)* Unsere Kreuzesbilder verstellen allzu leicht den Blick für den leidenden Mitmenschen. Im leidenden Mitmenschen ist der gekreuzigte Christus real präsent. Nicht in unseren Artefakten. *„Dies ist keine Kreuzigung."* Dieser Untertitel wäre ein wichtiger Spiegelsatz zur damaligen Überschrift *„Jesus von Nazareth, König der Juden." „Und es war geschrieben in hebräischer, lateinischer und griechischer Sprache." (Joh 19,19f.)*

*„INRI. Jesus von Nazareth, König der Juden."* Dieser Satz ist ja seinerseits wirklich tricky. Weil er betont, dass das Eigentliche der Kreuzigung nicht abbildbar ist. Der Satz verweist auf den Punkt, an dem das Bild erst zum Kipp-Bild wird. Oder werden kann. Wie beim römischen Hauptmann, der auf einmal in dem von ihm selbst mit gekreuzigten Menschen Gottes Sohn erkennt. Für den die Verhöhnung „König der Juden" mit einem Mal zur Prophezeiung wird.

Erst, wenn es keinen Gott mehr gibt.

Erst, wenn alle unsere Bilder von Gott zerbrochen sind.

Erst, wenn unsere Ästhetisierungen menschlichen Leidens am Ende sind.

Erst, wenn in diesem gähnenden Abgrund alles zerstört ist.

Dann und erst dann kann, wo es Gott gefällt, das Kreuz zum Kipp-Bild werden. Für den Gott ohne Namen. Für den Gott ohne Bild. Für den Gott, der im Leiden des anderen Menschen gegenwärtig ist. In Jesus Christus. Und durch ihn in jedem leidenden Mitmenschen.

Gott, der gekreuzigte Christus, ist zu sehen in den konkreten leidenden Menschen. In unseren Pflegeheimen, an unseren Essenstafeln, vor unseren Trinkhallen. In den erlittenen Einsamkeiten. In der Verlassenheit allein in unseren Wohnungen oder im Büro und im Klassenzimmern mitten unter den anderen. *„Herr, wann haben wir dich gesehen?"* Kein Bild zu haben – das ist für mich Ausdruck einer geistlichen Haltung. Um den anderen wahrzunehmen: sein verborgenes Leiden wie seine wunderbare Schönheit. Und um den Blick zu schärfen: für das tief erlittene Fehlen und Schweigen Gottes im Leben der anderen. Und auch für die Wunder von Gottes Gegenwart.

Es ist m.E. ein echter theologischer Verlust, dass in der lutherischen und römisch-katholischen Tradition bei den Zehn Geboten das Bilderverbot einfach als Anhängsel zum ersten Gebot verstanden wird und man es dann in der Regel einfach weglässt. Anders als im Judentum und in den orthodoxen, anglikanischen und reformierten Kirchen. Stattdessen zählt man in den lutherischen Kirchen dann das Gebot „nicht zu begehren" als zwei Gebote – „Du sollst nicht begehren deines Nächsten Haus" (9. Gebot). Und „Du sollst nicht begehren deines Nächsten Weib, Knecht, Magd, Vieh, noch alles, was sein ist" (10. Gebot)

Die Zählung entspricht aber nicht dem alttestamentlichen Text. Und auch in Zeiten explodierender Immobilienpreise verlieren wir theologisch nicht wirklich viel, wenn man das Haus zu all dem anderen zählt, was ich nicht begehren soll.

*„Du sollst Dir kein Bildnis machen".* Der Sinn des Bilderverbots wurde oft missverstanden. Nein, wir müssen jetzt keine Kruzifixe von den Wänden reißen, keiner Pietà die Nase abhauen und auch nicht gleich nach dem Gottesdienst irgendwelche Heiligen von ihren Säulen stürzen. Das Bilderverbot richtet sich gegen den kultischen Gebrauch von Bildern, gegen die irrige Vorstellung, dass wir Gottes in irgendeiner Weise habhaft werden könnten. Der Gott ohne Namen, der von sich sagt: *„Ich werde sein, der ich sein werde." (2. Mose 3, 14)* Der Gott ohne Bild, der eben uns zu lebendigen Ebenbildern geschaffen hat. Der Gott, der durch Christus im Leiden des anderen gegenwärtig ist. Das Verbot richtet sich gegen die Bilder, damit wir einander als Ebenbilder erkennen. Das ist keine Vergeistigung Gottes. Sondern seine radikale Personalisierung und aktuale Vergegenwärtigung. In der Schönheit und im Leiden meines Banknachbarn. In der Kirche, in der Straßenbahn, in der Schule, im Park.

Kein Bild zu haben, das heißt für mich, dass wir selber Teil der Kreuzes-Darstellung werden. Kein Bild zu haben, das heißt, dass ich Augen für meinen Mitmenschen bekomme: für sein Leiden, seine Schönheit, seine Einsamkeit, seine Gottverlassenheit. Als Spiegel der Anwesenheit und Verborgenheit Gottes. Kein Bild zu haben, das heißt, eine heilsame Unterbrechung in Zeiten des narzistischen Selfie-Wahns und allgegenwärtigen Foto-machens. Von Oscar Wilde stammt der Satz: „Das wahre Geheimnis der Welt liegt im Sichtbaren, nicht im Unsichtbaren."[38]

Zum Schluss eine kleine geistliche Wahrnehmungsübung: Gott ist zu sehen in den Menschen, die an diesem Tag neben Ihnen sitzen werden. Schauen Sie sich daher heute einmal um. Es sind oft sehr zivilisierte Menschen. Mit gebügelter Kleidung und gewaschenen Haaren, geputzten Zähnen und geputzten Schuhen. Das ist das Außen-Bild des anderen, unser Straßengesicht. Aber sehe ich auch das Andere in ihr und ihm? Ihre wunderbare Schönheit, seinen verborgenen Glanz, ihre Kraft? Der Mensch neben, vor, hinter mir als ein einmaliger Schöpfungsakt Gottes. Und sehe ich auch seine Einsamkeit, ihre Selbstzweifel, seine Sorgen? Die Ängste, die Traurigkeit des Anderen? Die vielen unausgesprochenen Wünsche, Fragen und Anklagen der eigenen Seele?

Ich glaube, dass uns Bilder oftmals hindern, unser lebendiges Gegenüber so wahrzunehmen, dass wir das tiefe Geheimnis in ihr und in ihm entdecken.

Schenke Gott uns in Jesus Christus offene Augen, damit wir einander wirklich sehen können. Und ihn selbst, Gott, in unseren Nachbarn.

## 14. ZUM BEISPIEL REGENSCHIRME

Von der Kunst, sich zu verlieren und zu finden

### *Zum Beispiel Regenschirme*

*Meine Geldbörse, den Haustürschlüssel,*
*die Jugend, meine Gesundheit,*
*die große Liebe, die Lust am Sex,*
*den linken Handschuh, Regenschirme, Schals.*
*Meine Arbeitsstelle,*
*das Vertrauen in meine Mitmenschen,*
*den Verstand, meine Unschuld,*
*die Eltern, den Partner,*
*den Glauben an Gott, die Gesundheit,*
*den rechten Handschuh, Mützen, viele Mützen,*
*und Regenschirme.*
*Den Sinn im Leben, mich selbst,*
*meinen Kalender, mein Handy,*
*unseren Kater,*
*meine ersten Zähne, meine zweiten Zähne,*
*die innere Ruhe.*
*Und Regenschirme, immer wieder Regenschirme.*

Was waren die Verluste Ihres Lebens?

Die Bibel ist eine Verlust- und Finde-Geschichte: eine Geschichte vom großen Verlieren und manchmal Wiederfinden. Die Bibel beginnt ganz am Anfang mit dem Verlust schlechthin: dem Verlust des Paradieses. Wir haben das Leben verloren – so, wie es eigentlich gedacht ist: den Einklang mit der Schöpfung, den Tieren und Pflanzen, uns selbst. So sehr wir uns auch mühen, gut und schön und richtig zu leben. Es bleibt eine Lücke, eine Leere, ein Leck. Ein Riss in allen Dingen.

Das Alte Testament als Ganzes ist entstanden aus dem zweiten großen Verlust: dem Verlust des Heiligen Landes und des Heiligen Tempels. Es stammt aus der Zeit nach dem Exil. Israel lebt in der Fremde. Oder in einer Heimat, die es schon einmal verloren hat und die den Verlust auf immer in sich trägt.

Auch das Neue Testament ist aus einem Verlust entstanden, dem Tod Jesu Christi am Kreuz. Das Ende dieser einmaligen sichtbaren, fühlbaren Gegenwart Gottes unter uns. Dieser Mensch ist nicht mehr da – greifbar, sichtbar, anfassbar. Alle Jesus-Geschichten stammen aus der Zeit nach seinem Tod, ja zumeist sogar aus der Zeit, als selbst die meisten Augenzeugen schon gestorben waren. Paradies, Heiliges Land, Jesus – der große Verlust.

Natürlich ist die Bibel auch eine Geschichte des Findens und Wiederfindens. Von Ostern, Auferstehung, Heimkehr – mit der großen Vision eines neuen Himmels und einer neuen Erde am Ende. Doch die Erfahrung des Verlustes bleibt. Sie ist tief mit unserem Leben verbunden, seiner Endlichkeit, seiner Vergänglichkeit. So viele Regenschirme wir auch immer wieder neu kaufen, am Ende werden sie fehlen und uns vor dem großen Verlust nicht schützen.

Wenn die Bibel ein großes Verlust- und Findebuch ist, so ist das 15. Kapitel des Lukasevangeliums so etwas wie die Bibel in der Bibel. Der Karamellkern des Evangeliums. Es handelt von den drei großen Geschichten vom Verlorenen: vom verlorenen Schaf, vom verlorenen Groschen, vom verlorenen Sohn. In allen drei Geschichten geht es ums Verlieren, ums Finden und besonders ums Sich-Freuen. Das klingt dann in den beiden ersten Geschichten so:

*„Es nahten sich Jesus aber alle Zöllner und Sünder, um ihn zu hören. Und die Pharisäer und die Schriftgelehrten murrten und sprachen: ,Dieser nimmt die Sünder an und isst mit ihnen.'*

*Jesus sagte aber zu ihnen dies Gleichnis und sprach: ,Welcher Mensch ist unter euch, der hundert Schafe hat und, wenn er eines von ihnen verliert, nicht die neunundneunzig in der Wüste lässt und geht dem verlorenen nach, bis er's findet? Und wenn er's gefunden hat, so legt er sich's auf die Schultern voller Freude. Und wenn er heimkommt, ruft er seine Freunde und Nachbarn und spricht zu ihnen: ,Freut euch mit mir; denn ich habe mein Schaf gefunden, das verloren war.' Ich sage euch: So wird auch Freude im Himmel sein über einen Sünder, der Buße tut, mehr als über neunundneunzig Gerechte, die der Buße nicht bedürfen.*

*Oder welche Frau, die zehn Silbergroschen hat und einen davon verliert, zündet nicht ein Licht an und kehrt das Haus und sucht mit Fleiß, bis sie ihn findet? Und wenn sie ihn gefunden hat, ruft sie ihre Freundinnen und Nachbarinnen und spricht: ,Freut euch mit mir; denn ich habe meinen Silbergroschen gefunden, den ich verloren hatte.' So, sage ich euch, ist Freude vor den Engeln Gottes über einen Sünder, der Buße tut.'" (Lk 15,1–10)*

Die Frage ist, welche Rolle wir in der Geschichte des Verlierens und Findens spielen. Welche Rolle unsere Verlust-Erfahrungen spielen und unsere Art, wie wir als Christen im 21. Jahrhundert leben. Drei theologische Varianten.

### Variante 1: Wir sind die 99 Schafe.

Wir sind die Guten. Auch wenn wir das so natürlich nie sagen würden. Aber in der Erzählung ist das ja schon so angelegt. Wir sind die Pharisäer und Sadduzäer, die kirchlich Hochverbundenen, die Frommen, die Sonntagmorgen-Gemeinde, die Nachbarn der Frau, der ältere Bruder, die 99 Schafe im Hause des Herrn. Passt ja auch irgendwie zum Evangelisch-Sein: 99 Schafe – 95 Thesen. O.K., haut nicht ganz genau hin. Hat aber beides was wohltuend Ermüdendes, wenn man sie durchgeht. Und uns gilt die Aufforderung, am Glück der anderen teilzuhaben.

*„Komm, freut euch mit mir!"*, wenn eure Nachbarin ihr Glück findet, wenn auch das letzte dumme Schaf es endlich kapiert, wenn der verkorkste Bruder wieder nach Hause kommt.

Freu dich am Finde-Glück der Anderen! Eine wichtige Aufforderung: Mein Leben wird nicht schlechter, wenn es dem anderen besser ergeht. Auch wenn die Missgunst, der Neid, das ewige große Vergleichen in meinem Kopf das meinen: „Wieso bekommt der, was ich auch habe?" Das gilt umso mehr, wenn wir zu den 99 gehören, der Mehrheitsgesellschaft. „Komm, freu dich mit am Glück der anderen!" – auch wenn sie nicht so leben, lieben, lehren, wie wir es tun. Menschen mit einem großen Herzen sind eine Gabe Gottes. Und öfters am Tag mal mit den Engeln im Himmeln zu schmunzeln, ist keine schlechte Idee. Da macht man meistens erstmal nichts falsch.

Aber so schön die erste Variante ist, sie bricht doch an einer Stelle. Da heißt es von den Gerechten, dass sie „der Buße nicht bedürfen". Das knackt natürlich in unseren evangelisch geschulten Schafs-Ohren. Oder um mit der ersten der 95 Thesen Martin Luthers zu sprechen:

> *„Da unser Herr und Meister Jesus Christus spricht ‚Tut*
> *Buße' usw. (Matt. 4,17), hat er gewollt, dass das ganze*
> *Leben der Gläubigen eine Buße sei."[39]*

***Daher Variante 2: Wir sind das verlorene Schaf.***
Das deckt sich mit den Verlust-Erfahrungen im eigenen Leben. Wenn ich in die Irre gehe, den Sinn verliere, mir das Leben entgleitet: Das sind Erfahrungen, die zumindest vielen nicht fremd sein dürften. Mit jedem Verlust verliere ich immer auch ein Stück von mir selbst. Und es ist ja interessant, wie bei den drei Geschichten vom Verlorenen der Anteil der Verlorenen stetig zunimmt: erst eins von 100 Schafen, dann einer von zehn Groschen, schließlich einer von zwei Brüdern. Bis am Ende der drei Geschichten der ältere, gerechte Bruder alleine verloren draußen steht.

Wir sind verlorene Schafe, 100 Stück: 99 verloren im Stall – eins draußen. In die Irre gehen wir alle. Und es ändert meinen

Blick auf die Blödheit anderer Hammel, wenn ich um meine eigene himmelschreiende Schafsköpfigkeit weiß. Wenn ich weiß, wie oft ich mich verrenne, jeden Tag aufs Neue. Nur die Verlorenheit ist eine andere, im Stall oder außerhalb. Das macht einen großen Unterschied. Weil die Umkehr im Stall oft schwerer fällt. Draußen bleibt einem nichts anderes übrig. Aber was macht man, wenn man es doch eigentlich immer gut gemeint hat? Und eigentlich im Stall auch irgendwie alles in Ordnung ist? Wenn man aber aus der eigenen Wolle, der eigenen Hammeligkeit trotzdem nicht rauskommt? Das ist das Problem von der Umkehr der Gerechten.

### *Womit wir bei Variante 3 sind: Wir sind gefundene Finder.*

Ich glaube, die eigentliche Pointe der Geschichten liegt daran, dass wir am Ende auf die Seite der Sucher wechseln. Wie der Hirte, der seine Herde, seinen ganzen Besitz, aufgibt, um das eine Schafe zu finden. Er geht selbst in die Irre, um das Verirrte zu finden. Wie die Frau, die ihr Haus, ihr Leben, sich selbst auf den Kopf stellt, um den einen Groschen unterm Bett zu finden. Wie der Vater, der in seinem Sohn sich selbst verloren hat. Und der deshalb seine patriarchale Contenance aufgibt und dem Sohn entgegenläuft, als der endlich wieder nach Hause kommt.

Gott hat sich verloren. Weil wir verloren gegangen sind. Deshalb, so glauben wir, musste er Mensch werden. Deshalb musste er selbst in die Irre gehen, selbst ein Verlorener werden. Um uns zu finden. Und damit wir Gott – als gefundene Finder – beim Suchen helfen: *„Dieser nimmt die Sünder an und isst mit ihnen."* *(Lk 15,2)* Das ist auch unser Auftrag: Den verlorenen Anderen zu suchen. Mit dem gefundenen Anderen zu essen. Sich gemeinsam mit den Engeln am Glück der Anderen zu freuen. Und so einander zum Christus zu werden.

Und am Ende der Zeiten, wenn alle unsere Finde-Geschichten zu Ende sind, werden wir zusammen unter einem großen, leuchtenden Regenbogen stehen. Und dann, dann wird mir vielleicht ein lächelnder Engel einmal erzählen, wo all die anderen Regenschirme abgeblieben sind.

## 15. BRUDER JUDAS

Eine Übung im moralischen Sehen

Fragt man einmal nach den unmoralischsten Menschen, die einem einfallen, so würde man heute aktuell vielleicht Trump nennen, oder Erdogan, Assad, Putin. Mit längerer geschichtlicher Perspektive und mit einer ganz anderen Dimension der Verwerflichkeit Hitler, Stalin, Pol Pot.

Früher war das anders. Natürlich gab es damals auch tyrannische, grausame Herrscher. Doch am schlimmsten waren nicht sie, sondern die Verräter. Die Denunzianten, Anschwärzer, Verleumder, Aushorcher, Zuträger, Petzen: Brutus, Gaius Crassus und Judas. Folgt man Dante in der Göttlichen Komödie so gibt es in der tiefsten Hölle einen eigenen Bereich, die Judecca, in welcher der Teufel diese drei Erzverräter in seinen drei Mäulern zermalmt.[40]

Der Verrat galt als eines der schlimmsten Verbrechen überhaupt:

- weil es von einem Menschen geschieht, der einem lieb und nahe ist,

- weil es die Liebe, das Gute, die Freundschaft mit Undank lohnt,

- weil es schlecht in sich ist (in früherer Sprache ein „ma-
  lum in se"). Es gibt, so die Vorstellung, keinen „guten
  Verrat".

So wie bei Judas, dem Erzverräter schlechthin, der den Men-
schensohn ans Messer liefert, so wie wir es in der Karwoche immer am Gründonnerstag feiern – und bei jeder Feier des Abendmahls erinnern: *„Der Herr Jesus, in der Nacht, in der er verraten
ward, nahm er das Brot [...]." (1. Kor 11,23)* Die Nacht des Verrats, wenn alle Lichter verlöschen.

Doch was sehen wir eigentlich „moralisch", wenn wir diese
verwerfliche Tat sehen?

Mehrdeutig ist bereits sein Beiname Iskariot: Meint es den
*Mann aus Kariot (Isch Qerijot)*, den einzigen Judäer im Kreis der
galiläischen Jünger? Oder steht es für Sikarier, den Dolch-Trä-
ger, den religiösen Eiferer?

Mehrdeutig ist auch das griechische Verb „paradidomi", mit
dem seine Tat beschrieben wird: Verrät er Jesus? Oder liefert er
ihn aus? Oder übergibt er ihn? Dies sind wichtige Unterschiede
und alle Übersetzungen sind sprachlich möglich.

Mehrdeutig sind vor allem auch die Gründe und Folgen seiner Tat: *Matthäus* schildert Judas als reuigen Sünder, der dreißig
Silbergroschen von den Hohen Priestern erst einfordert, nach
seiner Tat zurückgibt und sich erhängt (Mt 26f.).

*Lukas* erzählt, dass der Satan in ihn gefahren sei und er später
auf den vom Blutgeld gekauften Acker stürzt, so dass seine Ein-
geweide herausfallen (Lk 22; Apg 1,15ff.). Nach *Johannes* ist Judas schließlich der untreue Finanzverwalter des Kreises um Jesus
und ein Dieb (Joh 6,66ff; 12,4ff.; 13,1ff.).

Wie nun: Hat Judas Jesus aus Geld-Gier verraten? War es ein Wirken des Satans? Oder wollte er als religiöser Eiferer Jesus nur zum Handeln zwingen, damit er endlich seine Macht offenbart? Tat er es gar, wie Walter Jens betont, im Auftrag des Herrn, weil sich nur so das Heil erfüllen konnte: ohne den Verrat des Judas kein Kreuz und kein Ostern.[41] So interpretiert er etwa den Auftrag Jesu: „Was du tun must, das tue bald." Auch Amos Oz deutet die Tat des Judas in seinem gleichnamigen Roman von 2015 als Akt der Loyalität – und zeigt die fatalen Folgen, die gerade die Sicht des Judas für das Verhältnis von Christen und Juden hatte.[42]

Was sehen wir also moralisch, wenn wir Judas am Tisch des Herrn sehen? Was ist das ethische Verständnis dessen, was in der Nacht des Verrats geschah?

Ich glaube, dass all unserem Handeln eine moralische Mehrdeutigkeit innewohnt. Eine Selbstsucht in der Liebe und eine zärtliche Hinwendung im Verrat. Bis zum Kuss des Judas.

Ich glaube, dass sich in Judas ein Scheitern an der Liebe spiegelt, urmenschlich – tragisch und schuldhaft zugleich.
Alle Jünger fragen Jesus: *„Bin ich es, Herr, der dich verrät?"* Keiner ist sich sicher, dass er es nicht ist.

Ich glaube, dass es eines der größten Hoffnungssymbole christlichen Glaubens ist, dass Judas mit am Tisch des Herrn sitzt, immer, wenn wir Abendmahl feiern. Auch ihm gibt Jesus das Brot: *„Mein Leib, für dich gegeben."* Und den Kelch: *„Mein*

*Blut, für dich vergossen.* "Es gibt keine Gemeinschaft mit Christus ohne Tischgemeinschaft mit Judas.

Ich glaube, dass die Geschichte des Judas offen ist und bleibt – bis zum Schluss. Weil Gott sie offenhält.

In dem kleinen Dorf Vézelay am französischen Jakobsweg steht die Basilika Sainte-Marie-Madeleine. Auf einem ihrer berühmten Säulen-Kapitel sind zwei Bilder zu sehen. Zunächst der an einem Strick erhängte Judas mit lang heraushängender Zunge. Möglicher Hinweis auf seinen Verrat wie auf seine Besessenheit, die ihm am Ende sprichwörtlich aus dem Hals heraushängen. Und dann Christus, in der Haltung des guten Hirten, der auf seinen Schultern den Leichnam des Judas trägt. Judas als das verlorene Schaf. Der Herr ist auch sein Hirte. Er hat ihn gefunden. Er trägt ihn liebevoll. Er bringt ihn heim. Ein beeindruckendes Bild – als Inbegriff unserer christlichen Hoffnung.

## 16. Zum Tod des Todes

Kleine theologische Unverfrorenheiten

### Der letzte Feind

*Seine Macht ist die Nacht / wenn keiner mehr lacht,*
*wenn alles verfällt / die Hoffnung zerschellt /*
*wenn deine Hand meine nicht hält.*
*Er ist der Schatten ohne Ende / die dunkle Wende,*
*das Aus und Vorbei/ bricht alles entzwei /*
*voll Schmerz und Geschrei,*
*gehüllt in ein Nicht / ohne jegliches Licht,*

*Sollen wir wirklich wagen /*
*ihm zu sagen:*
*„Du kannst uns mal?"*

*Seine Macht ist die Nacht / wo es kein Dich mehr gibt /*
*da hat sich's ausgeliebt,*
*kein Angesicht / kein Morgenlicht*
*keine Wärme / kein Wort / kein Zufluchtsort.*
*Er ist die Stille auf Ewig / doch ohne Frieden,*
*die Ruhe / die Grube / das Dunkel / der Schlund /*

*das Stürzen in Tiefen ohne Grund.*
*der schwarze Rachen / der alte Drachen / der letzte*
*Feind.*


*Sollen wir uns wirklich trauen /*
*uns vor ihm aufzubauen /*
*ihm ins Auge zu schauen:*
*„Uns kannst du nichts?"*


*Seine Macht ist die Nacht / wo kein Hoffen mehr wohnt*
*in der er allein thront / niemand verschont /*
*mit Kälte entlohnt.*
*Er ist das Land ohne Zimmer / Der Abschied auf immer.*
*Der Krebs / die Pest / der bittere Rest.*
*Der Schnitter / Würger / Sensenschwinger.*
*Der Knochenmann und Schicksalsbringer.*
*Er hat weder Stunde, noch Sinn, Maß oder Ziel.*
*Kennt keinen Gott, Glaube, Gefühl.*


*Sind wir wirklich so verwegen /*
*allem entgegen /*
*uns mit ihm anzulegen:*
*„Uns hältst du nicht?"*


*„Jesus Christus hat dem Tode die Macht genommen und das Le-*
*ben und ein unvergängliches Wesen ans Licht gebracht durch das*
*Evangelium." (2. Tim 1,10)*


Rein argumentativ sieht es ja – unter uns gesagt – eher etwas
mau für uns aus: Es steht ungefähr 100 Milliarden zu 1. Für den

Tod. Und das eine Mal ist recht schlecht bezeugt. Ein leeres Grab. Ein paar Erscheinungen. Und die auch nur vor den eigenen Jüngerinnen und Jüngern. Religiös befangen, allesamt.

Doch – auf dieses eine Mal kommt es an. Kommt es ein für alle Mal an. Da hat der Tod den Mund zu vollgenommen. Hat sich verschluckt. In diesem Menschen steckte Gott. In diesem Toten steckte das Leben. Der Tod Jesu Christi war tödlich: erst für Jesus Christus, dann für den Tod.

Man muss sich klarmachen, was das heißt, wenn sich das rumspricht: dass selbst der Tod nicht mehr sicher ist.
- Alle Menschen sind sterblich,
- Sokrates ist ein Mensch.
- Also ist Sokrates sterblich. Punkt. Schlusspunkt.

Das wäre das Ende vom Ende, wenn der Tod nicht mehr das Letzte wäre. Oder – der Anfang vom Anfang. Je nachdem, wie man will.

Und was für eine Pressemitteilung für diese Woche: „Die Evangelische Kirchen in Deutschland verkündet den Tod des Todes. Von Karten und Beileidswünschen bitten wir Abstand zu nehmen."

Kann man nur nicht zu häufig bringen. Immerhin ist er nun schon bald 2000 Jahre tot, der Tod. Und dafür hält er sich ziemlich gut. Nirgends gibt es solche Zuwachsraten. Nie starben mehr Menschen als heute. Womit wir wieder beim Anfangs-Problem wären.

Dem Tod ist sein Giftzahn, sein Stachel gezogen: die Gottes-ferne, die tiefe Verzweiflung, der geistliche Tod. Der Tod kann uns nicht mehr von Gott trennen. Weil Gott selber starb. Für uns starb.

Aber auch so klappert der leibliche Tod noch gehörig mit dem Gebiss. Der Tod ist – bei Leibe genommen – immer noch sehr beeindruckend.

Daher: „Herr, lehre uns bedenken, dass wir auferstehen, auf dass wir frei werden."

*„Jesus Christus hat dem Tode die Macht genommen und das Leben und ein unvergängliches Wesen ans Licht gebracht durch das Evangelium." (2. Tim 1,10)*

Ein unvergängliches Wesen. Ein Leben, über das der Tod schon jetzt keine Macht mehr hat. Ein Leben im Glanz der Ewigkeit, wenn unsere Seelen sich weiten, weil sie Gottes Gegenwart atmen. Ein Leben im Angesicht des Einen, des Ewigen: im Angesicht Jesu Christi, der als die Liebe selbst den Tod besiegt hat. Ein Leben in tiefer Freiheit, frei von allen Mächten, Ängsten, Zwängen.

Ein Leben, dessen Rechnung in dieser Welt nicht aufgeht, weil es mit Gott rechnet.

## 17. DIE AUFERSTEHUNG DER HAUT

### Küchentheologische Reflexionen

Zu diesem Impuls muss ich etwas vorwegschicken: Meine Frau ist Religionslehrerin, ich bin Pfarrer. Das kann passieren. Ist auch gar nicht schlimm. Es verleiht unseren Küchengesprächen nur manchmal eine gewisse theologische Einfärbung. Professionelle Deformation. Und es verkürzt in solchen Momenten die Aufenthaltsdauer unserer Kinder vor dem Kühlschrank ungemein.

Kürzlich beim Ausräumen unseres neuen Geschirrspülers ging es etwa um die Auferstehung Christi.

Also: Ich brate das vegane Hack an, meine Frau öffnet die Tür des Geschirrspülers. Er ist voll.

*„Wie nun: War das Grab leer oder nicht? Das hat meine Schüler/innen aus der Elf vor den Ferien wirklich umgetrieben. Was hättest Du denn da gesagt:"*

Ich schlucke und verschaffe mir durch geschäftiges Rumrühren in der Pfanne etwas Zeit zum Nachdenken:

*„Na ja, ich glaube, man missversteht das leere Grab, wenn man es rein historisch zu begreifen sucht. Das leere Grab ist ja keine hinreichende Bedingung für die Auferstehung Christi. Man kann ja nicht sagen: ‚Guck, das Grab ist leer. Also muss Christus auferstanden sein!‘ Das Ganze ließe sich auch anders deuten. Etwa als Leichendiebstahl. So ja schon in den Evangelien.*

*Das leere Grab ist aber auch keine notwendige Bedingung für die Auferstehung. Im Sinne von: ‚Nur, wenn das Grab leer war, kann Christus auch auferstanden sein.‘ Damit würde man nicht nur recht klein von Gott denken, der ja gerne mal aus dem Nichts schafft. Man hätte vor allem ein Problem mit unserer eigenen Auferstehung. Denn da sind die Körper dann ja schon zerfallen oder verbrannt.*

*Wenn Du mich fragst, wie es war: Wir wissen schlicht nicht, wie es historisch war. Das leere Grab ist eine bildhafte Sprache, unhintergehbar metaphorisch. Ein erzählerischer Freiraum im wahrsten Sinne des Wortes, hinter den wir geschichtlich nicht zurückkommen.*

*Und interessanter Weise führt das leere Grab an sich in den Geschichten ja auch nie zum Glauben. Es braucht immer einen deutenden Engel, der dazukommt. Oder noch genauer: eine Begegnung mit dem Auferstandenen selbst.“*

Zwischenzeitlich hat sie das skelettartig aufgereihte Besteck aus dem obersten Fach ausgeräumt. Von meiner Pfanne dagegen steigt verdächtiger Rauch auf. Vielleicht hätte ich doch weiter rühren sollen. Meine Frau schiebt mich mit einem leichten Brauen-Zucken zur Seite. Ich ignoriere diese eklatante Missachtung meiner kulinarischen Kompetenz und wende mich stattdessen dem zweiten Fach des Geschirrspülers zu. Oben auf den Tassenböden sind wieder so kleine blöde Pfützen. Und ich frage mich, warum die Trockenfunktion das nicht schafft. Bleibt nur der Griff zum Handtuch.

*„Ja, ja. So habe ich das ungefähr auch erklärt – das mit dem Grab, den Engeln, den Tüchern. Aber was heißt es dann, dass Christus leiblich auferstanden ist?"*

Ich tupfe in meditativer Kontemplation weiter die Pfützen von den Tassenböden.

*„Nun, ‚Leib', griechisch soma, meint ja nicht einfach das, was wir mit Körper meinen. Es geht mehr um mich selbst als ganze Person – in meiner körperlichen Verfasstheit. Als Geschöpf. Also: nicht die ‚unsterbliche Seele' oder die ‚Idee' von Jesus Christus wird auferweckt, sondern der wirkliche Mensch Jesus mit all seinen Lebenserfahrungen, inklusive seiner Wunden vom Kreuz."*

Von der Pfannen-Fraktion höre ich nur ein leises Brutzeln und ein wenig überzeugt wirkendes Schweigen.

Also versuche ich, noch etwas nachzulegen:

*„Eigentlich müsste man meines Erachtens sogar genauer von der ‚Auferstehung der Haut' sprechen."*

Diesmal bezieht sich das Augenbrauen-Zucken zu meiner Linken nicht auf mein kulinarisches Geschick.

*„Wenn ich mal im elaborierten Sprachstil meiner Schüler/innen antworten darf: ‚Häh?'"*

*„Im Gottesdienst sprechen wir ja: ‚Ich glaube [...] an die Auferstehung der Toten.' Das ist natürlich theologische Weicheierei. Im lateinischen Text des apostolischen Glaubensbekenntnisses heißt es carnis resurrectionem – Auferstehung des Fleisches. Das ist wichtig, gerade im Unterschied zu einem dualistischen Denken, etwa in der Tradition Platons. Da ist dann der Leib der ‚Sarg der Seele' und im*

*Tod scheidet sich die unsterbliche Seele von dieser vergänglichen Hülle. Damit geht zugleich meistens auch eine Abwertung des Leibes einher, wie eine Geringschätzung der Schöpfung insgesamt.*

*Dem biblischen Zeugnis entspricht dagegen eher eine Ganztod-Vorstellung – der ganze Mensch als Leib und Seele stirbt. Ein radikaler Bruch. Die Kontinuität ruht allein in Gott, in dessen Liebe wir aufgehoben, erinnert, bewahrt sind. Es geht so immer um die Erlösung dieser konkreten, leiblich-geistlich-seelisch verfassten Schöpfung.*"

Es brutzelt leise weiter, unterbrochen nur vom Klappern der Untersetzer, die ich rausnehme. Zumindest die sind trocken.

*„Wobei ich das mit dem Leib schwierig finde, da sich die Atome ja ständig austauschen. Also, wenn schon, hätte ich gerne, dass Gott meinen Leib so auferweckt, wie ich mit 25 war. Höchstens."*

*„Und genau bei dem Problem kommt jetzt die Sache mit der Haut ins Spiel. Neulich bin ich nämlich darauf gestoßen, dass auch die Rede von der Auferstehung des Fleisches in der Bibel so nicht vorkommt. Die Stelle, auf die sich das bezieht, ist Hiob 19, 26 – und da ist (zumindest in der griechischen Fassung) von Auferstehung der ‚Haut' die Rede.*

*Es geht bei ‚Haut' also um die Kontaktfläche zwischen mir und der Welt. Das, was in Gott von mir bewahrt, aufgehoben, erinnert ist, ist nicht irgendeine Idee von mir. Sondern alle Liebe, die ich von anderen erfahre oder anderen tue – wie auch alles Leiden, das ich von anderen erfahre oder ihnen zufüge. Beides ist eingezeichnet auf meiner Haut als der kommunikativen Kontaktstelle zwischen der Welt und mir. Neudeutsch würde man hier von einem embodiment sprechen: Die Küsse und Lügen auf meinen Lippen, das Streicheln* und die Schläge auf meinen Rücken, die Lachfalten und die Griesgrämigkeit um meine Augen. Das alles ist eingegangen in meinen Körper."

„Du meinst, bei der Auferstehung des Fleisches geht es um eine Art Lebensstenogramm auf unserer Haut?"

„Ja. Genau. So wie auch der auferstandene Christus noch die Wundmale des Kreuzes trägt. Wenn meine Haut aufersteht, so bekommt alles, was ich tue und was mir getan wird, eine ewige Bedeutung. Ich bin nicht denkbar ohne die eingezeichneten Erfahrungen auf meiner Haut. Es ist nicht egal, was meine Hände tun oder mit ihnen getan wird, was meine Augen sehen, was meine Lippen sagen. Das alles geht als Teil meiner körperlichen Erfahrung mit ein – verwandelt, erlöst, befreit – in die ewige Liebeswirklichkeit Gottes."

„Alles?"

„Ja, glaube ich schon."

Diesmal habe ich ihr Brauen-Zucken einen Moment zu spät bemerkt.

„Du meinst, auch alle liegengelassenen Socken, alle vollen Mülleimer, alle Krümel …?"

„Na ja, irgendwann ist natürlich auch so eine Haut mal vollgeschrieben."

„So, so."

„Genau. So, so."

# 18. „WIE MARIA ZUM KINDE"

Vom notwendigen Gespräch zwischen Laien und Experten

Manchmal, wenn man als Referent zu einem Thema ange-fragt wird, fühlt man sich etwa so wie Maria, als sie zum Kinde kommt: *„Warum ich?"*

So ging es mir, als ich bei einer Sicherheitskonferenz zum Di-alog von Laien und Experten sprechen sollte. Mit solchen Exper-ten-Laien-Dialogen habe ich zwar regelmäßig zu tun. Dies ge-hört zur Leitidee evangelischer Akademien. Was dagegen Sicher-heitsfragen betrifft, kenne ich mich nun wirklich nicht aus. Und selbst meine Unkenntnis ist noch kein Alleinstellungsmerkmal. Schließlich kann ich kaum von mir behaupten, *„der"* namhafte Laie zu sein, den man dazu unbedingt gehört haben sollte.

Doch irgendwann drehte sich die Frage in meinem Kopf um: *„Warum eigentlich nicht ich?"* Es wäre ja mal interessant zu fra-gen, was sich aus theologischer Perspektive dazu beitragen lässt, dass Laien und Experten gut miteinander reden – auch bei Si-cherheitsfragen.

## 1. Was ist ein Experte?

Anders als „Sachverständiger" gilt der Begriff Experte nicht als gesetzlich geschützt. Schön ist die Persiflage auf den unsäglichen Experten-Jargon aus Talk-Shows in den Känguru-Chroniken. Dort taucht ein gewisser Dr. Timm Olaf Minne auf, dessen Sätze immer beginnen mit: „Ich als Experte".[43] Der Begriff dient oft schlicht als rhetorischer Deckmantel, um eigene Interessen mit vermeintlicher Fachwissenschaftlichkeit zu kaschieren. Er ist zudem oft verknüpft mit einer problematischen Entpolitisierung in Zeiten von „alternativlosen Entscheidungen".

Die erste Rede von „Experten" gab es übrigens erst in den 1830er Jahren in Deutschland, als Lehnwort vom französischen expert, das sich seinerseits vom lateinischen Adjektiv expertus – „erfahren, erprobt" bzw. dem Verb experiri – „erproben, austesten, eine Erfahrung machen" herleitet.[44] In den 1850er Jahren gab es dann die ersten Expertenberichte von Ingenieuren. Der Kontext ist hier zu beachten: Industrialisierung, technischer Umbruch, Auseinanderdriften der Gesellschaft – ähnliche Prozesse wie heute.

Eine besondere Problematik wohnt dann Expertokratien inne, also einer Regierung aus Fachleuten, Wissenschaftler/innen und Verwaltungsleuten, meist in Krisen-Zeiten, mit angeblicher Überparteilichkeit. De facto fehlt Expertokratien nicht nur in aller Regel die demokratische Legitimation. Sie sind zudem für eine Demokratie grundsätzlich hoch problematisch: Sie verneinen den politischen Entscheidungsbereich im Blick auf die Wahl gesellschaftlicher Ziele. Sie sind damit latent antipluralistisch und blind für eigene Wertsetzungen. Und sie folgen meist einem streng rational-technizistischen Welt- und Menschenbild: „Moderne Technik bedarf keiner demokratischen Legitimation, wenn sie optimal funktioniert." Die Frage von Technokratien, im 20. Jahrhundert intensiv diskutiert, wird im digitalen Zeitalter wieder neu relevant.

Was bedeutet dies nun für das Verständnis von „Experte"? Ich plädiere für ein Verständnis des Experten als Subjekt einer Handlung, das sich vom *Verb „experiri"* herleitet. Problematisch ist dagegen ein Verständnis als Träger von Eigenschaften, das sich vom *Adjektiv „expertus"* herleitet. Mit anderen Worten: Man ist nicht Experte auf Grund von irgendwelchen Eigenschaften. Sondern man wird es, indem man verantwortlich und vernunftgeleitet handelt, stellvertretend Wissen erwirbt und dieses verständlich weitervermittelt, über Möglichkeiten und Gefahren für Betroffene aufklärt und die eigene Sicht in offene, demokratische Entscheidungsprozesse einbringt.

### 2. Was ist ein Laie?

Ein Laie wird klassischerweise ex negativo definiert: als Nicht-Experte, dem das nötige theoretische Wissen bzw. die praktische Erfahrung fehlen. In Kognitionspsychologie und Pädagogik spricht man dann von verschiedenen Stadien, die man durchlaufen muss, um vom Laien zum Experten zu werden:

a) Eine vortheoretische Stufe mit oberflächlichen Kenntnissen: Man dilettiert herum.

b) Eine empirische Stufe mit ersten erworbenen Erkenntnissen, sozusagen die problematische „Teenager-Zeit": Man kennt die Regeln, ist aber überreguliert und kann mit Ausnahmen nicht gut umgehen.

c) Schließlich die Experten-Stufe: Man hat ein systematisches Wissen und beherrscht Fachsprache, Methoden und Standards; das Ganze wird zertifiziert durch Studium, Ausbildung und Abschlüsse.

Es geht um einen langjährigen Prozess der Internalisierung von Kenntnissen und Kompetenzen. Dabei braucht es zumeist ca. 10 Jahren, um zur/zum Experten/in zu werden. Klassische Bereiche mit einer Unterscheidung von Laien und Experten sind etwa Musik, Sport, Medizin oder Informatik. Und die Beispiele zeigen bereits die Notwendigkeit des Unterschieds. Niemand würde sich wohl gerne von jemandem operieren lassen, der von sich sagt: „Ich bin Laie." Das Problem ist aber, dass dieses Verständnis von Laien „ex negativo" unterkomplex bleibt und für demokratische Prozesse schwierig ist. Und nun kommt die Theologie ins Spiel – mit, wie ich finde, interessanten Pointen.

### 3. Was ist ein Laie theologisch?

Ursprünglich kommt der Begriff „Laie" vom griechischen „laios", dem Gottesvolk. Ein Laie ist definiert als Mitglied des Gottesvolkes, mithin als Gotteskind. Die Mitgliedschaft wird dabei nach christlicher Auffassung durch die Taufe erfahren. Und zwar mit der Taufe als einem Akt der Salbung.

Als Christen haben wir durch die Taufe Anteil an der Salbung Christi (griech. Christos heißt ja Gesalbter). Die Vorstellung von der Taufe als Salbung bezieht sich dabei ihrerseits zurück auf die dreifache Salbung im Alten Testament an erstens Königen, zweitens Priestern, drittens Propheten.[45]

Das heißt: Jeder Laie (im theologischen Sinne) ist qua seiner Taufe ein Gesalbte/eine Gesalbte (Christin/Christ) und als solcher König, Priester, Prophet. Oder um es mit einer protestantischen Deutung der Schlagzeile der Bild-Zeitung aus dem Jahr 2005 zu sagen: „Wir sind Papst" – allesamt. Was bedeutet dieses theologische Laien-Verständnis nun für die Frage des Dialogs von Experten und Laien im herkömmlichen Sinne?

*1. Die Laien als König/innen*: Die Laien haben die Freiheit und die Hoheit, zu entscheiden. Sie haben fundamentalen Anteil an der Ausübung von Macht. Politisch übersetzt stellen die Laien immer die Mehrheit der Bürger/innen und sie sind somit diejenigen, die in einer Demokratie letztlich politisch entscheiden sollen. Sie sind der Souverän – weil alle Macht vom Volk ausgeht. Das Volk, die Entscheider sind in ihrer allergrößten Mehrheit immer Laien.

*2. Die Laien als Priester/innen*: Die Laien im herkömmlichen Sinne sind zugleich diejenigen, die die Folgen von Entscheidungen werden tragen müssen. Sie werden die Opfer bringen. Sie sind die Betroffenen. Die Laien sind immer auch die Mehrheit der Betroffenen, der Folgenträger, der Opfer-Bringer. Oder wie es ein Freund immer schön ausdrückt als eine Karikatur politischer Experten-Sprache: „Ich rede nicht zuerst von mir selbst, wenn ich sage: Wir müssen alle Opfer bringen."

*3. Die Laien als Prophet/innen:* Laien im herkömmlichen Sinn haben aus ihrer je eigenen Perspektive eine spezifische Expertise und Feldkompetenz, die für die Sachklärung wichtig ist. Diese gilt es – im Sinne einer „public science" – wahr und ernst zu nehmen. Deswegen braucht es neben den Universitäten und Fachtagungen eben auch die Akademie als Ort des Dialogs von Experten und Laien. Als eine echte Begegnung, aus der auch der Fachmann Neues lernt und verändert hervorgeht. Der Theologe und Philosoph Friedrich Schleiermacher sprach hier in einem starken Bild von der Zirkulation des Gemeingeistes: Er lebt vom Wechselspiel zwischen den stärker inspirierenden Einzelnen (den „Experten") und der stärker aufnehmenden Menge (den „Laien"), wobei aber beide Seiten sowohl inspirierend als auch aufnehmend sind, nur in unterschiedlichem Maße. Laien und Experten brauchen sich wechselseitig, und der Dialog zielt letztlich auf eine Überwindung der natürlichen Ungleichheit.[46]

Womit wir am Ende schließlich wieder bei Maria sind.

### 4. Wie kommt Maria denn zum Kinde?

War Maria eine Expertin? – Nein, war sie nicht. Sie war der Erzählung nach Jungfrau. „Wie soll das zugehen, da ich doch von keinem Manne weiß?" (Lk 1,34) Und auch als Jungfrauen-Geburt ist es in jedem Falle ihr erstes Kind gewesen. Eher ist der Erzengel in der Geschichte als Experte anzusehen: Experte in Sachen himmlisches Wunder. War Maria also Laiin? – Ja. Und sie war es in dem oben beschriebenen theologisch qualifizierten Sinn:

1. *Maria hat (als Königin) entschieden.* Das ist wichtig: Es gibt ein religiöses wie ein politisches Überwältigungsverbot („Mir geschehe, wie du gesagt hast.") Jesus wird später die Menschen immer fragen: „Was willst du, dass ich dir tue?" Und: „Dein Glaube hat dir geholfen." Auch der Erzengel Gabriel hat in vertrauenweckender Sprache Maria Rede und Antwort zu stehen: Er vermittelt ihr Kompetenz („Du bist begnadet", „der Herr ist mit dir"). Er nimmt ihr Befürchtungen („Fürchte dich nicht!"). Er gibt ihr aktiven Anteil („Du wirst schwanger werden", „gebären", „den Namen geben"). Er erklärt ihr Prozesse („Der Geist des Herrn wird über dich kommen."). Er weist sie aufklärend auf

Unterstützungsprozesse hin („Siehe, Elisabeth ist auch schwanger.“). So haben Experten m.E. mit Laien-Königinnen zu sprechen (vgl. Lk 1, 26–38).

*2. Maria hat (als Priesterin) Opfer gebracht.* Sie erträgt Flucht, Vertreibung, soziale Ausgrenzung. Und sie wird später das Leiden ihres Sohnes kommen sehen und selber daran zu tragen haben. Künstlerisch beeindruckend kommt das in der revolutionären Darstellung der römischen Pietà durch Michelangelo im Petersdom in Rom zum Ausdruck. Auf ihr trägt – als Akt eines bewussten künstlerischen Anachronismus – Maria als eine jugendliche Frau ihren dreißigjährigen toten Sohn auf dem Schoß. Theologisch wurde dies oft gedeutet als Hinweis auf die bleibende Jungfräulichkeit Marias, auf ihre Rolle als Himmelskönigin. Kreuzestheologisch habe ich eine andere Sicht: Auch wenn zwischen dem Leiden der beiden zu unterscheiden ist, zeigt sich hier ein Akt von „compassion“ – das Mitleiden der jungen Mutter mit dem zukünftig leidenden Sohn. Eine Gestaltähnlichkeit. Das Mitleiden beginnt bei der Empfängnis. Advent und Passion werden verschränkt. Die Laien tragen das Risiko, gerade auch bei Sicherheitsfragen.

*3. Maria hat (als Prophetin) Zeitansagen gemacht.* Davon zeugt ihr Satz: „Ich bin des Herrn Magd. Mir geschehe, wie du gesagt hast.“ Das war nicht immer einfach für Jesus. Aber sie war aktiv als Botin beteiligt. Die Evangelien erzählen das höchst unterschiedlich: Bei Johannes ist sie diejenige, die Jesus zu seinem ersten Zeichen bei der Hochzeit zu Kana drängt („Sie haben keinen Wein mehr.“; „Tut, was er euch sagt.“ Joh 2,1ff.), und am Ende wird sie neben seinem Lieblingsjünger unter dem Kreuz sein. Bei

Lukas stimmt sie im Magnifikat einen Lobgesang auf das revolutionäre Handeln Gottes an („Gott stößt die Gewaltigen vom Thron") und ist Trägerin der Überlieferung („behielt alle diese Worte", Lk 1,46ff.; 2,19). Bei Markus will sie gemeinsam mit den Brüdern Jesus von seinem gefährlichen Wirken anbringen („Er ist von Sinnen", Mk 3,21).

So schwierig sich der Dialog mit Laien mitunter gestaltet, so wichtig ist es, auf ihre Stimme zu hören. Weil sie – bei aller Schwierigkeit – etwas gleichsam prophetisch zu sagen haben.

## 19. Gelassenheit

### Bei Schiffbruch und Gebet

„Nichts ist so aufreizend wie Gelassenheit".[47] Der Ausspruch von Oscar Wilde vor über 100 Jahren hat an seiner rhetorischen Pointe nichts eingebüßt. Im Gegenteil. Gerade in einer Zeit des kollektiven Burn-Outs, in der wir vor lauter Zeit sparender Technik gefühlt unter immer größerem Zeitdruck stehen, gewinnt Gelassenheit immer mehr an Attraktivität.

Der Züricher Literaturwissenschaftler Thomas Strässle hat in einem kleinen, klugen Büchlein die Geschichte und Vielschichtigkeit des Begriffs schön beschrieben.[48] Gelassen nimmt man etwas, gibt man sich, wäre man gerne. Sorgsam zeichnet er diese drei verschiedenen Verwendungsweisen nach. „Gelassenheit", so Strässle, „ist ein Projektionsbegriff – mit großer Konjunktur und geringer Kontur". Ein Bild, das dabei oft für Gelassenheit verwendet werde, sei das des Meeres. Wie es die Alten formulierten: die Meeresruhe der Seele, die „tranquillitas animae".[49]

Was damit gemeint ist, zeigt auf beeindruckende Weise der Film „All is lost" (2013). Robert Redford spielt darin einen Mann, der allein auf dem indischen Ozean segelt. Sein Boot wird von einem herumschwimmenden Container gerammt. Und dann beginnt der lange, einsame, schweigsame Kampf gegen den Untergang. Unter uns: Wem außer Robert Redford wollte man anderthalb Stunden bei so etwas zusehen? Wohl wissend von der Verlesung des Abschiedsbriefs in der ersten Szene, wie das Ganze ausgehen wird. Beeindruckend ist dabei die konzentrierte Ruhe, mit der er sich gegen den Untergang stemmt – ein Spiegel des weiten Ozeans um ihn herum. Und die stillen Gesten, mit denen er nach und nach immer mehr loslässt: zuerst das Schiff, dann die Flasche mit dem Abschiedsbrief, am Ende die Rettungsinsel. Nur äußerst wenige Worte werden während des ganzen Films gesprochen – als Notrufe und einmal in einer Szene tiefster Verzweiflung: „SCHEIßE – GOTT – FUCK." Eine nachdenkenswerte Trias.

Gelassenheit. Sie hat viel mit der Haltung zu tun, um die es im Glauben geht. Eine Haltung, die zwischen Aktivität und Passivität changiert. Eine Haltung, in der ich ganz präsent bin, ganz bei mir bin. Und doch gerade so, dass ich drauf verzichte, etwas zu tun. Eine Haltung, in der ich lasse, geschehen lasse. So wie im Gebet oder im Glauben. Meister Eckart brachte dies auf die Formel: „Man muss gelassen han, um gelassen zu sin."[50] Ein abschiedliches Leben. In das Leben hinein zu sterben und in den Tod hinein zu leben. Die Kunst, loszulassen, zuzulassen, sich auf jemand anderen zu verlassen.

Im Gebet spiegelt sich diese innere Haltung in der äußeren wider. Man faltet seine Hände, um sich dafür zu öffnen oder, genauer, öffnen zu lassen, dass das eigene Leben letztlich in anderen Händen ruht. Man schließt seine Augen – in der Hoffnung, dass Gott uns sieht. Man kehrt ganz in sich – auf dass Gott sich der Welt zukehrt.

Das Entscheidende im Glauben ist nicht das, was man tut, sondern was einem geschieht. Und was einen freimacht, zu lassen.

– *Loslassen*, was einen von anderen fernhält, was einen im „ewig Möglichen" schweben lässt, den Traum von der eigenen Allmacht, die Angst, zu kurz zu kommen, zu versagen, das, was einen erhaben, verbissen, zerstreut, nervös, unruhig, zynisch oder sonst wie macht.

– *Zulassen*, dieser eine konkrete, begrenzte, endliche Mensch für andere zu sein, dass das eigene Leben geschieht, dass andere mir etwas schenken und dass andere meiner bedürfen.

– Und sich verlassen, sich ganz *verlassen* auf den einen Anderen.

Nicht aus mir selbst zu leben, sondern aus Gott.

Die eigene Mitte außerhalb meiner selbst zu haben. Im wahrsten Sinne des Wortes „ex-zentrisch" zu leben.

*„Durch die Gnade Gottes bin ich, was ich bin." (1. Kor 15, 10)*

Eine engagierte Gelassenheit aus Glauben.

Nicht im Sinne einer kalten Teilnahmslosigkeit, einer spirituellen Entrücktheit oder inneren, geistigen Überlegenheit.

Sondern im Sinne eines „ex-zentrischen" Lebens aus Gott.

Interessant ist es, was solch eine engagierte Gelassenheit aus Glauben nicht nur für den Einzelnen bedeutet, sondern etwa auch für die Kirche:

– Loslassen von den eigenen inneren Kirchenbildern, allen alles sein zu können, und von der Vorstellung, Kirche wie auch immer machen zu können.

– Zulassen, dass wir in einer ganz eigenen Zeit mit ganz eigenen theologischen, kirchlichen, gesellschaftlichen Herausforderungen leben.

– Und sich darauf verlassen, dass Gott mit jedem Menschen, mit der Welt und mit seiner Kirche noch Großes vorhat.

Die Pointe dabei ist, dass man gerade auch die Gelassenheit nicht machen, sondern dass sie einem nur widerfahren kann. Gelassenheit ist ein Geschenk. Für den Einzelnen wie für die Gemeinschaft.

Doch wenn sie einem widerfährt, dann kann man getrost mit dem Psalmbeter sprechen:

*„Ich liege und schlafe und erwache,*
*denn der Herr hält mich.*
*Ich fürchte mich nicht vor vielen Tausenden,*
*die sich ringsum wider mich legen."*
*(Psalm 3,6–7)*

In diesem Sinne: Einen guten, gelassenen Tag!

## 20. BAUMHEILIGE

oder: Wie man vom eigenen Baum wieder runterkommt.

Es gibt Menschen, die haben eine verkrümmte und verzwergte Seele. Sie können sich selbst und andere – aus welchem Grund auch immer – nicht wirklich lieben. Sie wissen alles besser oder meinen das zumindest. Sie haben an allem und jedem etwas auszusetzen. Von der Welt, dem Leben, den Menschen sind sie ständig missverstanden, ungerecht behandelt, zutiefst verletzt. Passive Aggressivität in Permanenz. Vor so einer „Seelen-Verzwergung" sollte man sich tunlichst schützen. Es tut einem oft schlicht nicht gut, mit solchen Menschen Umgang zu haben.

Das heikle ist nun, dass solche Neigungen nicht nur bei anderen existieren. Vielleicht kennen Sie das auch von sich: Im Chor meiner inneren Stimmen gibt es da eine mit einer nervtötenden Tonlage. Den scharfen, spitzen Ton meines „Kritiker-Ichs". Wenn es sich meldet, hört man es sehr schnell heraus. Wie alle Kritiker weiß dann auch mein „Kritiker-Ich" es immer besser – vor allem, wenn es eine Sache nicht selber machen muss. „Wie kann man nur solche Klamotten tragen, so einen Schwachsinn sagen, sich so nach draußen wagen! Wie peinlich ist das denn?"

Wie schön könnte die Welt doch sein, wenn wir aufhören würden, es für andere immer besser zu wissen! Gäbe es doch eine heilsame Heiserkeit für meinen Kritikaster.

In den Jesus-Geschichten der Bibel spielt die Auseinandersetzung mit dem eigenen „Kritiker-Ich" und den verzwergten Seelen eine große Rolle. Eine Geschichte, in der dies besonders eindrücklich erzählt wird, ist die von Zachäus (Lk 19,1–10). Sie kennen sie vielleicht noch aus Kindheitstagen. Da ist der reiche Oberzöllner Zachäus in Jericho, der den berühmten durchreisenden Wanderprediger Jesus gerne sehen möchte. Aber weil er so klein ist und weil die Leute ihn nicht leiden können, muss er ganz unstandesgemäß auf einen Baum klettern. Da sitzt sie nun, diese kleine verkrümmte, verzwergte Seele: wohlhabend und allein, erhöht und ausgegrenzt, mächtig und klein. Und dann passiert es:

*„Und als Jesus an die Stelle kam, sah er auf und sprach zu ihm: ‚Zachäus, steig eilend herunter; denn ich muss heute in deinem Haus einkehren.' Und er stieg eilend herunter und nahm ihn auf mit Freuden." (V. 5f.)*

Und mit jedem Ast, den Zachäus eilig herunterklettert, sieht man seine Seele förmlich wachsen. Jesus lädt sich selber ein und macht so aus dem Oberzöllner, der andere abzockt, einen Gastgeber, der anderen den Tisch deckt. Ein Sozialwunder seelischer Entzwergung.

Doch prompt meldet sich der große Chor der Kritikaster: *„Da sie das sahen, murrten sie alle und sprachen: ‚Bei einem Sünder ist er eingekehrt.'" (V. 7)* Und natürlich haben sie recht. Wo kämen wir hin, wenn korrupte Kapitalisten sich auch noch den Heiland der Welt unter den Nagel rissen? „Lieber Christus, nichts für ungut, aber das war nicht besonders geschickt. Bei einem der zu Unrecht verfolgten Freiheitskämpfer einkehren – oh, ja! Oder bei einer armen Witwe, am besten mit einer wundersamen Brotvermehrung – auch nicht schlecht! Meinetwegen sogar bei einem Aussätzigen, der dann geheilt ist. Doch bei einem (nicht nur körperlich) kleinen, korrupten Reichen?" Und all die vielen Kritiker-Christusse in der Menge murrten. Doch nun geschieht das eigentliche Wunder in der Geschichte: Die verzwergte Seele wird zum großen Geist.

*„Zachäus aber trat herzu und sprach zu dem Herrn: ‚Siehe, Herr, die Hälfte von meinem Besitz gebe ich den Armen, und wenn ich jemanden betrogen habe, so gebe ich es vierfach zurück.'" (V. 8)*

Nach dem Tod des Korrupten auf dem Baum die Auferstehung des Kreativen am Tisch. So eilig und freudig er aus seinem alten Ich herausgeklettert ist, so überschwänglich steigert er sich jetzt in seine Freigebigkeit hinein. Die Hälfte für die Armen und das Vierfache für die Betrogenen. Wie der neue Zachäus das machen will (in Jericho von Tür zu Tür gehen?) und wie bei dieser Rechnung überhaupt noch etwas übrigbleiben soll, wird nicht erzählt. Bei Wunder- wie bei Liebesgeschichten wird nicht alles gezeigt. Am Ende steht nur die Feststellung Jesu – an ihn und wie wohl auch an den Chor der Kritiker:

*„Heute ist diesem Hause Heil widerfahren, denn auch er ist ein Sohn Abrahams." (V. 9)*

Im Glauben geht es wesentlich um die Kunst, von dem eigenen Baum wieder herunterzukommen, auf den man geklettert ist. Das nennt sich traditionell „Umkehr". Und dazu braucht es jemanden, der einem runterhilft. Für die verzwergten Seelen der anderen wie für das „Kritiker-Ich" in mir. Es braucht die Begegnung mit dem anderen, der den schlafenden Seelen-Riesen in mir weckt. Der sich selbst an meinen Küchentisch einlädt und mich so an meinen Reichtum erinnert. Der mich neu sehen lässt, was ich anderen geben kann. Und der mich auch großherzig macht, wenn es darum geht, anderen von ihren Bäumen herunter zu helfen. Und sei es durch „geistliche Räuberleiter".

### Dendrit, der (m.) – Baumheiliger

*Oben auf dem Baum*
*Kann er wieder alles messerscharf sezieren:*
*Die unmöglichen Nachbarn,*
*Die inkompetenten Kollegen,*
*Die Mängel, Makel, Macken der anderen.*
*Mein Baumheiliger auf Beobachtungsposten.*
*Hoch erhaben über dem Pfuhl der Welt*
*In eisiger Einsamkeit*
*Mäkelt, nörgelt, krittelt er*
*rechthaberisch ungeliebt*
*überall stets an allem,*
*bis der Ast bricht.*
*Oder einer unten am Stamm*
*auf ihn wartet.*

## 21. WUNSCHZETTEL. IM MAI

Übung in frommer Unbescheidenheit

*Lieber Gott,*
*es heißt, dass es einmal eine Zeit gab,*
*in der das Wünschen noch half.*
*Irgendwann. Damals.*
*Als ich noch ein Kind war.*
*Als die Menschen und die Welt noch Kinder waren.*
*In den Märchen, wenn die Fee kam*
*oder die gute Hexe oder die drei Nüsse dalagen.*
*Am Anfang der Wundergeschichten, als Jesus die anderen*
*immer wieder fragte: „Was willst du, dass ich dir tue?"*
*Wir haben es irgendwann verlernt.*
*Ich habe es verlernt – das Wünschen.*
*Aber wir brauchen es.*
*Vielleicht dringender als früher.*

*Deshalb, Gott: Mein Wunschzettel.*
*Ich verspreche Dir: kein Konsum-Scheiß.*
*Nicht von dem Zeug, was ich mir*
*mit mehr oder weniger Geld auch selber kaufen könnte.*
*Sondern große, richtig große Wünsche.*

*Wie es für Dich, Gott, angemessen ist.*
*In frommer Unbescheidenheit.*
*Dafür aber auch nur drei, wie es sich gehört.*

*1. Lieber Gott, ich wünsche mir,*
*dass die Welt eine andere wird.*
*In den alten Bildern der Bibel gesprochen:*
*Dass Du alle Tränen abwischst, und dass kein Leid und*
*kein Geschrei und kein Schmerz mehr sind.*
*Dass unsere Kinder nicht mehr lernen, Krieg zu führen.*
*Dass wir die Schwerter zu Pflugscharen*
*und die Spieße zu Sicheln schmieden.*
*Dass ein jeder unter seinem Weinstock und*
*seinem Feigenbaum in Frieden wohnt.*
*Dass niemand hungern muss oder ausgegrenzt wird –*
*kein Fremdling, keine Witwe, keine Waise.*
*Dass Säuglinge an dem Loch der Otter spielen können*
*und Wölfe friedlich bei den Lämmern wohnen.*
*Dass niemand mehr an einer dieser elenden Krankheiten*
*sterben muss.*
*Dass unsere Alten noch Träume haben*
*und unsere Kinder Zukunftshoffnung.*
*Ja, dass der Tod selber einmal nicht mehr sein wird.*
*Lieber Gott, das wünsche ich mir von Dir.*

*2. Lieber Gott, ich wünsche mir,*
*dass ich ein anderer werde.*
*Ein neugeborener Mensch aus Deiner neuen Welt.*
*Dass ich sehen lerne, wirklich sehen:*
*Wie es anderen Menschen geht.*

*Und den Blick nicht vom Leid anderer abwende*
*oder mich von falschem Schein täuschen lasse.*
*Dass ich sprechen lerne, wahrhaft sprechen:*
*Rechte Worte zur rechten Zeit.*
*Um Traurige zu trösten, Unrecht zu widersprechen,*
*Wahrheit zu verteidigen, Liebe zu bekennen.*
*Dass ich laufen lerne, richtig laufen.*
*An die Orte, an denen ich gebraucht werde.*
*Und um über Mauern zu springen.*
*Dass ich meinen Aussatz verliere, der mich daran hin-*
*dert, auf andere zuzugehen, sie zu berühren,*
*sie an mich heranzulassen.*
*Und dass ich auferstehe, jetzt auferstehe*
*zu einem neuen Leben.*
*Einem Leben, das nicht mehr von der Angst bestimmt*
*wird, zu kurz zu kommen.*
*Oder von der Sorge, dass die Zeit nicht reicht,*
*dass es nicht genug gibt,*
*dass alles irgendwie vergeblich ist.*
*Lieber Gott, das wünsche ich mir von Dir.*

*3. Und lieber Gott, ich wünsche mir,*
*dass Du anders wirst.*
*Dass Du da bist, wirklich für uns da bist.*
*Dass Du hier und jetzt wahr wirst,*
*anders als nur in Märchen und alten Geschichten.*
*Dass wir Dich erfahren können.*
*Dass Du tust, was von Dir gesagt wird.*
*Was Du selbst verheißen hast.*

*Was die Bibel von Dir erzählt.*
*Und dass Du mein Wünschen hörst.*
*Und das stumme Wünschen all der vielen anderen.*
*Von Menschen und Tieren.*
*Von Deiner ganzen Schöpfung.*
*Wir bekommen es mit uns selbst, den anderen*
*und der Welt allzu oft nicht hin.*
*Deswegen wünsche ich mir,*
*dass das mit dem Wünschen funktioniert.*

*Lieber Gott, das wünsche ich mir von Dir.*
*Von ganzem Herzen.*
*Mehr nicht, aber auch nicht weniger.*

## 22. „MEHR ALS DER SAND"

Ein Lob geistlicher Kürze

*„Ich danke dir dafür, dass ich wunderbar gemacht bin;*
*wunderbar sind deine Werke; das erkennt meine Seele.*
*Aber wie schwer sind für mich, Gott, deine Gedanken!*
*Wie ist ihre Summe so groß!*
*Wollte ich sie zählen, so wären sie mehr als der Sand:*
*Am Ende bin ich noch immer bei dir."*
*(Psalm 139, 14.17f.)*

Warum arbeiten, machen und vor allem reden wir als Kirche eigentlich immer so viel?

Ein sonntägliches Beispiel:

- Das Vaterunser (alles, was Jesus Christus zu beten lehrte) – 63 Wörter.
- Die Zehn Gebote (alles, was Gott selbst zu tun lehrte) – 103 Wörter.
- Das Glaubensbekenntnis (alles, was die Alten zu glauben lehrten) – 103 Wörter.
- Eine durchschnittliche Predigt (geschätzt) – ca. 1.500 Wörter; gefühlt oft noch etliche mehr.

Warum?

*Antwortversuche:*

*1. Fußballerisch*: Weil dies zu den drei grundlegenden Weisheiten des Gottesdienstes gehört: Das eckige Wort Gottes muss ins Rund des menschlichen Gehörgangs. Nach dem Gottesdienst ist vor dem Gottesdienst. UND: Die Predigt dauert 15 Minuten.

*2. Wissenschaftlich*: Weil der Sprung über den garstigen Graben von zweitausend Jahren einen ordentlichen verbalen Anlauf braucht: eleganter exegetischer Absprung vom biblischen Text, gewagter Flug über 2000–3000 Jahre Wirkungsgeschichte, zielgenaue Landung in der Gegenwart. Das braucht Zeit. Und Wörter.

*3. Kirchlich:* Weil aus der „Kirche des Wortes" längst eine „Kirche der Wörter" geworden ist: Niemals gab es in der Kirche so viele Menschen wie heute, die sich professionell um Predigt, Publikation, Pressearbeit kümmern. Wir haben als Kirche eben so viel zu sagen. Oder meinen dies zumindest. Wer, wenn nicht wir, sollte der Welt die Welt erklären?

*4. Poetisch:* Weil die Offenbarung Gottes ein so weites endloses Meer ist. Und weil wir – wie in der Legende über den Kirchenvater Augustin[51] – mit unserem Teelöffel theologischer Einsicht am Strand stehen, wild entschlossen, durch eifriges Wasserschöpfen dem Geheimnis des Lebens auf den Grund zu gehen.

*„Ich danke dir dafür, dass ich wunderbar gemacht bin;*
*wunderbar sind deine Werke; das erkennt meine Seele."*
*„Aber wie schwer sind für mich, Gott, deine Gedanken!*
*Wie ist ihre Summe so groß!*
*Wollte ich sie zählen, so wären sie mehr als der Sand:*
*Am Ende bin ich noch immer bei dir."*
*(Psalm 139, 14.17f.)*

*Ein Versuch in geistlicher Kürze.* 152 Wörter

1. Ich glaube, dass Gott mich schöner, wunderbarer, liebenswerter gemacht, als ich es mir überhaupt vorstellen kann. Das ist sehr gut.

2. Ich glaube, dass Gott auch meinen Mitmenschen schöner, wunderbarer, liebenswerter gemacht hat, als ich es mir vorstellen kann. Das ist sehr gut.

3. Ein Grundirrtum im Leben besteht darin, dass ich nicht aus Gott, sondern mir selbst schön sein will. Das ist fatal.

4. Aufgabe der Kirche ist es, davon zu reden, dass Schönheit nicht ist, sondern wird. Sie entsteht, wenn wir einander mit Gottes Augen sehen lernen.

5. Ich glaube, dass wir auch in der Kirche nicht von diesem Grundirrtum des Lebens ausgenommen sind. Deshalb reden, machen, arbeiten wir vielleicht so viel.

6. „Vielwörterei" ist weder ein Zeichen innerer Gewissheit, noch überzeugt sie andere.

7. Meine Hoffnung ist, dass Gott uns hilft, die Sache auf den Punkt zu bringen: im Kreuz, in dem sich hässliche Gehässigkeit in Schönheit verwandelt.

## 23. „Nenn mich nicht Bruder"

Was für Familien-Verhältnisse![52] Er – ein Bankert, ein Bastard. Sein Vater will seine Mutter sitzen lassen. Seine Angehörigen halten ihn für verrückt. Er lässt sie draußen vor der Tür stehen. Für ein konservatives Familien-Idyll kann man sich schwerlich auf die Evangelien berufen. Für ein sozialrevolutionäres Familien-Bashing allerdings ebenso wenig.

Am Ende, am Kreuz wird Blut dann doch dicker sein als Wasser. Als man ihm den Speer in die Seite stößt. *„Siehe, das ist dein Sohn. Siehe, das ist deine Mutter."* *(Joh 19,26f.)* Er ist ein familiärer Beziehungsstifter bis zuletzt. Mit seinen Jüngerinnen und Jüngern teilt er sein kindliches Urvertrauen zu Gott: *„Unser Vater im Himmel"* *(Mt 6,9)*. In der Stunde der Anfechtung, allein im Garten, wird es am intensivsten sein: *„Abba, Vater."* *(Mk 14,36)* Für die anderen wird er so zum Sohn schlechthin: Davids-, Menschen-, Gottessohn. In der Sprache der späteren Tradition: der „Einziggeborene", der zum „Erstgeborenen" wird. *„Alle Menschen werden Brüder."*[53] Und Schwestern. Der große Traum der Menschheit. Aber das Elysium hat hier seinen Preis. Einen Blutpreis. *„Das ist mein Blut des Bundes, das für viele vergossen wird."* *(Mk 14,24)*

Markus, der älteste und archaischste Erzähler der Christus-Geschichte, ist zugleich auch der Familien-Abstinenteste von ihnen, gleichsam der Single unter den Evangelisten. Bei Markus gibt es keine Kindheitsgeschichten, kein Vaterunser, keine Mutter unterm Kreuz. Nur drei Mal kommt Jesu Familie bei ihm vor (Mk 3,20f.; 3,31–35; 6,1–6). Und immer sind sie ein Hindernis. Wie die Jünger, die ihn nie verstehen. Wie die Frommen, mit denen er permanent streitet. Dabei hängen die drei Familien-Geschichten mit dem großen Geheimnis bei Markus zusammen, dass dieser Jesus Gottes Sohn ist. Es durchzieht die Erzählung des Markus wie ein cantus firmus: von den Himmelsstimmen bei der Taufe (1,11) und der Verklärung (9,7) bis zum paradoxen Bekenntnis des römischen Hauptmanns unterm Kreuz (15,39). Und darin liegt die Pointe der Geschichte in Mk 3,31 ff.: Jesus ist der Sohn Gottes, gerade indem er radikal als Sohn und Bruder aller lebt, die Gottes Willen tun. Er ist der Christus, weil er sich selbst nicht darauf beschränken lässt, der aus Nazareth, der Zimmermann, der Bruder von … zu sein (6,3).

Bei Familie geht es ja immer auch um die großen Fragen des Lebens:
- Wer bin ich und woher stamme ich?
- Für wen bin ich da und auf wen kann ich mich verlassen?
- Wohin gehe ich und was wird von mir bleiben?

In der Geschichte „Von den wahren Verwandten" gibt Jesus mit seinem Verhalten und seiner Rede darauf eine dreifache Antwort.

Er ist ein *Familien-Universalist*: *Alle* Menschen sind seine Brüder, Schwestern, Mütter, die Gottes Willen tun. Er kann sich selbst, sein Leben, sein Ziel nicht ohne die anderen verstehen.

Er ist ein *Familien-Praktiker*: Am *Tun* des Gotteswillens, an der Praxis der Liebe entscheidet sich, wer Familie ist. Jesus lebt ganz aus diesem einen, allumfassenden Beziehungsgeschehen, das wir als Liebe Gottes umschreiben.

Und er ist ein *Familien-Utopist*: Die familiäre Beziehung, in der sich Jesus sieht, ist nicht einfach, sondern sie *wird*. Sie entsteht, indem er sie den anderen „zu-lebt" und „zu-spricht": „Ihr seid mein Bruder, meine Schwester, meine Mutter".

Nun sind die Erfahrungen mit familiären Universalisten in der Geschichte höchst ambivalent: in religiösen, politischen wie weltanschaulichen Gemeinschaften. Wenn mich einer „Bruder" nennt, werde ich skeptisch. Gerade auch in der Kirche. Bruder, Schwester sind wir nicht, sondern wir werden es, wo wir es einander „zu-leben": Wenn unser Tun radikal bestimmt wird von dem unbedingten Liebeswillen Gottes; wenn wir bereit sind, uns für den anderen zu riskieren; und wenn unser eigenes Leben so Teil von dem großen Christus-Geschehen wird. Dann und erst dann sollten wir uns als Brüder und Schwestern bezeichnen – allen inflationär-manipulativen Verschwisterungen zum Trotz. Wer Bruder sagt, muss bereit sein, für den anderen ein anderer zu werden.

Darin freilich liegt dann eine besondere ökumenische Pointe einer allzu leichten Rede von „Brüdern und Schwestern". Geschwister sucht man sich ja nicht aus, sie widerfahren einem. Man streitet sich mit ihnen, man sorgt sich um sie, man liebt sie, man hasst sie, man wird sie nicht los. Bruder, Schwester, Mutter sind wir nicht einfach, sondern werden es – wenn der andere so Teil von mir selber wird, dass ohne sie das Woher und Wohin und Wozu meines Lebens keine Antwort finden. Geschwister sein heißt, gemeinsam woher stammen, füreinander da sein und miteinander auf dem Weg sein. Das ist riskant. Weil wir selbst dadurch andere werden. Weil es Opfer fordert. Und weil es zu notwendigen Entscheidungen führt: Ob wir sozusagen der Zimmermann, der aus Nazareth, der Bruder von ... bleiben wollen oder ein Gotteskind, ein Bruder von allen, bestimmt durch den einen, unbedingten Liebeswillen Gottes.

### Nenn mich nicht Bruder

*Nenn mich nicht Bruder,*
*nur weil wir denselben Namen tragen,*
*zufällig die gleiche Meinung haben*
*zu Gott, Geld, Welt und politischen Fragen.*

*Nenn mich Bruder,*
*wenn wir zusammen aus Christus leben,*
*Liebe tun, nach Gerechtigkeit streben,*
*und für einander ein anderer werden.*

## 24. RELIGION UND FREIHEIT

Ein unversöhnlicher Gegensatz?

Zu diesem Titel fand im Jahr 2019 eine Veranstaltung in der Evangelischen Akademie Frankfurt statt. Nun, wenn Theologen so eine Frage stellen, dann ahnt man schon, woraus das rauslaufen wird. „Nein. Natürlich nicht. Religion und Freiheit gehören wesentlich zusammen." Ach, wenn die Sache so einfach zu verneinen wäre! Erlauben Sie mir, ein paar Ambivalenz-Erfahrungen einzustreuen.

Ja, es gab wohl mal eine Zeit, in der wäre die Frage sicher einfacher zu beantworten gewesen. Da waren Protestanten etwa noch wirkliche Piraten, Freibeuter des Heiligen Geistes. Da heirateten Mönche und Nonnen, revolutionierten sie das Bildungswesen, legten sich mutig mit Papst, Kaiser und Traditionen an, aßen Würste in der Fastenzeit.

Heute dagegen wirkt die evangelische Kirche eher wie eine Institution der religiösen Gralshüter zur Wahrung sozialverträglicher, traditioneller Werte. Im Nachhinein haben wir es natürlich eigentlich immer vorher gewusst – die Sache mit der Emanzipation der Frau, mit der Gleichstellung von Homo-, Bi- oder

Transsexuellen oder auch mit der Demokratie. Die erste Denk-schrift der Evangelischen Kirche in Deutschland zur Demokratie kam ja auch immerhin schon 1985.

Man könnte den Eindruck haben, wir sind besser im Reden über Freiheit als in der Praxis der Freiheit. Religion als eine Sache eher für zwanghaft, normative Typen, die anderen gerne vor-schreiben, wie sie zu leben haben.

In unseren Gemeinden trifft man zumindest wenige Leute mit blauen oder grünen Haaren. Wir tragen unser „Kopftuch" gleichsam innen. Und auch die Milieus der Expeditiven, der Per-former, der kreativen Querdenker trifft man eher selten. Warum eigentlich, wenn wir doch die Freien sind?

Nun, evangelische Freiheit funktioniert ja eher nach dem „Ja, aber"-Prinzip. Freiheit ist bei uns immer schon attributiv einge-fangen, dialektisch domestiziert: *„Verantwortete Freiheit", „Frei-heit in Bindung", „Freiheit und Knechtschaft."* Mit Paulus zu spre-chen: „Alles ist euch erlaubt, *aber* nicht alles dient zum Guten. Alles ist euch erlaubt, *aber* nicht alles baut auf." (1. Kor 6,12; 10,23) Dazu der Lieblingskommentar eines Kollegen: „Alles vor dem *Aber* ist in der Regel gelogen."

Doch auch mit der Freiheit ist das ja keineswegs so einfach. Sie hat als Zielwert spätestens seit den sichtbaren Folgen des Neo-Liberalismus als zentraler politischer Zielbegriff doch er-hebliche Schrammen abbekommen. Und wie sieht es eigentlich aus, wenn ein politisches System wie China zukünftig noch viel höhere Effizienz, rasanteren technologischen Fortschritt und verlässlicheren wirtschaftlichen Wohlstand bietet als das alte Eu-

ropa? Wie viel sind uns dann unsere demokratischen Freiheits-
ideale tatsächlich noch wert? Ist dann Freiheit wirklich „das Einzige, was zählt" (Marius Müller-Westernhagen)[54]?

Im Jahr 2019 feierten wir in Deutschland 70 Jahre Grundgesetz. Ein Text, der in unserem Land gewissermaßen zivil-religiöse
Dignität besitzt. Die FAZ druckte aus diesem Anlass eine Zeich-
nung des Karikaturisten-Duos Gresser & Lenz, die das schön
zum Ausdruck bringt. Darauf ist zu sehen, wie Mose mit den 10
Geboten auf zwei steinernen Tafel vom Berg hinabsteigt – als
eine Hand aus der strahlenden Wolke kommt, darin das Grundgesetz und die himmlische Stimme: „Moment, Moses, nimm das
noch für die Deutschen mit."[55] Das Grundgesetz sozusagen als
eine Gabe Gottes neben den Zehn Geboten. Und das Gefühl:
Wir sind sicher nicht das auserwählte Volk, aber Gott hat es die
letzten 70 Jahre mit uns schon sehr gut gemeint.

Interessant wird es, wenn man den Vergleich von Grundgesetz und Zehn Geboten einmal aufnimmt und im Blick auf das
Verhältnis von Religion und Freiheit betrachtet. In beiden Tex-
ten steht der alles entscheidende Satz am Anfang: *„Die Würde des
Menschen ist unantastbar. Sie zu achten und zu schützen ist Ver-
pflichtung aller staatlichen Gewalt." (GG Art. 1)* Und: *„Ich bin der
HERR, dein Gott, der ich dich aus Ägyptenland, aus der Knechtschaft geführt habe." (2. Mose 20,2)* Punkt. Kein Aber. Es geht
um Würde und um Freiheit. Alles andere ist dann Erläuterung.
Die ganze Theologiegeschichte – mehr oder weniger ein großer
Fußnotenapparat zu dieser Freiheitstat Gottes.

Im Grundgesetz folgen dann in Artikel 2–19 die weiteren Grundrechte als Abwehrrechte des Einzelnen gegenüber dem Staat. In der ursprünglichen Fassung von Artikel 1 hieß es, dass der Staat für den Bürger da sei, nicht der Bürger für den Staat. Die Intention klingt weiter durch, wenn alle Gewalten des Staates durch unverletzliche und unveräußerliche Menschenrechte gebunden sind. In den 10 Geboten entspräche dies der sogenannten ersten Tafel, den Geboten im Gottesverhältnis. Klassischer Weise interpretiert man diese als Schutz gegen eine Übergriffigkeit des Menschen gegenüber Gott: die Einzigkeit Gottes, das Verbot von Gottesbildern, die Heiligung seines Namens und des Sabbats bzw. Feiertages. Aber: Muss Gott, der Schöpfer Himmels und der Erden, ernsthaft vor uns geschützt werden? Tatsächlich geht es doch vielmehr darum, *unsere* Freiheit zu schützen vor der Übergriffigkeit und Vereinnahmung durch religiöse Vertreter. Gott schützt uns vor denen, die in seinem Namen auftreten. Und: Gott schützt uns vor Gott!

Das ist eine der tiefen Pointen der Ursprungserzählung von den zehn Geboten: Die von Gott gegebene Freiheit ist auch gegen Gott zu erhalten. Als Mose 40 Tage auf dem Berg Horeb war, drängte das Volk Aaron dazu, ein Goldenes Kalb anfertigen zu lassen. Und darüber entbrannte der Zorn Gottes so sehr, dass er das ganze halsstarrige Volk vernichten und mit Mose einen Neuanfang starten wollte, quasi eine zweite Sintflut (2. Mose 32). Da führt Mose – in einer der schönsten Fürbitte-Geschichten der Bibel – den Exodus gegen Gott selbst an. Er bindet den zürnenden Gott an seine eigene Freiheitstat: Du hast das Volk in die Freiheit geführt. Was sollten dann die Ägypter von Dir denken? Und gedenke Deines ewigen Schwurs und Deiner Verheißungen an die Erzväter.

Und Gott lässt sich von Mose überzeugen.

Im Grundgesetz folgen dann die Artikel 20–146 zur Regelung der Staatsorgane: Bund/Länder, Bundestag, Bundesrat, Bundespräsident, Bundesregierung, Gesetzgebung, Verwaltung, Finanzen. Im Dekalog entspräche dem die zweite Tafel, die Gebote zu den zwischenmenschlichen Institutionen der Freiheit: Familie, Leben, Besitz, Ehe, Wahrheit/Rechtsprechung, Begehren. Sie sind als fundamentale Abwehrgebote formuliert, wie bei der Verfassung reduziert auf das Wesentliche. Zentral ist in ihnen der Gedanke, dass ich meine eigene Freiheit nur wahre, wenn ich die Freiheit anderer auch vor mir schütze. Im Bilde gesprochen: Wenn ich andere ausnutze, knechte, missbrauche, habe ich die ägyptische Sklaverei noch nicht verlassen. Insofern endet meine Freiheit nicht an der Freiheit des anderen, sie realisiert sich in ihr.

Nun kommt es nicht von ungefähr, dass die großen evangelischen Akademien in Deutschland alle etwa genauso alt sind wie das Grundgesetz. In ihnen fließen der politische Freiheitsgeist des Grundgesetzes und die theologisch-ethische Freiheitsorientierung christlichen Glaubens zusammen. Es sind Orte, an denen Religion und Freiheit einander immer wieder neu als Geschwister begegnen.

### Was Tyrannen nie begreifen

Meine Freiheit endet nicht,
wo Deine Freiheit beginnt.
Sie fängt in ihr erst an.
Alles andere ist einsame Willkür
von Sklaven höheren Grades.

### Ohne Aber

Als Gott uns Menschen schuf,
frei, schön, sehr gut,
folgte kein Aber.
Als Gott für uns Menschen starb,
frei, unbedingt, liebend,
folgte kein Aber.

Wenn Gott in uns Menschen lebt,
frei, brennend, liebend,
kann unser Aber endlich schweigen.

## ANMERKUNGEN

Bei den folgenden Quellenangaben habe ich versucht, auch möglichst leicht zugängliche Nachschlageort im Internet anzugeben. Bibelstellen werden zitiert nach EKD (Hg.), Die Bibel. Nach Martin Luthers Übersetzung. Lutherbibel mit Apokryphen, revidiert 2017, Stuttgart 2017.

[1] Martin Walser, Über Rechtfertigung, eine Versuchung. Reinbek bei Hamburg [5]2016, S. 30.

[2] Vgl. Evangelisches Gesangbuch. Ausgabe für die Evangelische Kirche in Hessen und Nassau, Frankfurt a.M. 1994, Nr. 852.

[3] Günther Eich, Wacht auf (1950), online: www.deutschelyrik.de/wacht-auf.

[4] Vgl. Viktor E. Frankl, Der unbewußte Gott. Psychotherapie und Religion, dtv 35038, München [14]2017, S. 100.

[5] Stéphane Hessel, Empört Euch! Aus dem Franz. von Michael Kogon, Berlin 2011.

[6] Vgl. Viktor E. Frankl, Bergerlebnis und Sinnerfahrung. Mit Bildern und einem Vor-/Nachwort von C. Handl, Innsbruck/Wien [7]2013, S. 11.

[7] Süddeutsche Zeitung, 26./27. Jan. 2019, beides auf derselben S. 10.

[8] Ebd., Titelschlagzeile, S. 1.

[9] Eine digitale Ausgabe der Werke und Briefe von Ulrich Zwingli findet sich auf der Homepage des Instituts für Schweizerische Reformationsgeschichte www.irg.uzh.cz. Einen Beleg für den Zwingli oft zugeschriebenen Satz konnte ich leider nicht finden.

[10] Ulrich Zwingli, Brief an den Züricher Rat vom 16. Juni 1529.

[11] Ulrich Zwingli, De vera et falsa religione, Zürich 1525. S. 851: „Recte definierunt orationem esse elevationem mentis in deum."

[12] Viktor E. Frankl, Der unbewußte Gott. Psychotherapie und Religion, dtv 35038, München [14]2017, S. 100.

[13] Jan-Werner Müller, Was ist Populismus? Ein Essay, edition suhr-kamp, Berlin 2016, S. 129.

[14] Vgl. Leonard Cohen, Anthem, online: www.songtexte.com/song-text/leonard-cohen/anthem.

[15] Vgl. Johann Baptist Metz u.a. (Hg.), Compassion. Weltprogramm des Christentums. Soziale Verantwortung lernen, Freiburg i.Br. 2000.

[16] So in seinen Bekenntnissen: Aurelius Augustinus, Confessionum libri tredecim, liber X, caput 43, PL, Sp. 808. Online verfügbar www.documentacatholicaomnia.eu.

[17] Walter Jens, Der Fall Judas, Stuttgart 1975.

[18] Die Aufzählung wurde erstmals veröffentlicht in der Zeitschrift Young India am 22.10.1925 (gandhiserve.org/cwmg/VOL033.PDF). Der Impuls basiert auf meiner Predigt zur siebten Sünde im Rahmen einer Passions-Predigt-Reihe in der Darmstädter Stadtkirche 2015.

[19] Marc-Uwe Kling, Die Känguru-Chroniken. Ansichten eines vorlau-ten Beuteltiers, Hörbuch, Berlin 2009, CD 3, Kap. 2.

[20] Vgl. Odo Marquard, Abschied vom Prinzipiellen. Auch eine autobi-ographische Einleitung (geschrieben im Jan. 1981), in: ders., Abschied vom Prinzipiellen. Philosophische Studien, Stuttgart 1995, S. 12. Philosophie des Stattdessen. Studien, Stuttgart 2000, der von der Er-haltung des moralischen Empörungspotentials spricht.

[21] So Aurelius Augustinus, In epistulam Ioannis ad Parthos, tractatus VII, 8, PL 35, Sp. 2033.

[22] Albert Camus, Tagebücher 1951-1959. Aus dem Franz. übertragen von G.G. Meister, Reinbek bei Hamburg 1997, S. 11. Eintrag von 1951.

[23] Vgl. meine Predigtmeditation: Von der „Freiheit, frei zu sein". Oder: Advent als Anti-Western und die Revolution des Himmels (1. Sonntag im Advent, Mt 21,1–11), GPM 73, 2018, S. 14–19.

[24] Hannah Arendt, Die Freiheit, frei zu sein. Aus dem amerikanischen Englisch von Andreas Wirthenson. Mit einem Nachwort von Thomas Meyer, dtv 14651, München ³2018.

[25] Vgl. dazu den Wikipedia-Artikel zu dem mittelalterlichen Ritter-bund „Gesellschaft mit dem Esel".

[26] Vgl. dazu www.manfredstumpf.de.

[27] Vgl. in der Werkausgabe DBW Bd. 8, S. 570 ff.; DBA Bd. 6, S. 187.

[28] Vgl. zum Begriff Wilhelm Weischedel, Skeptische Ethik, Frankfurt a.M ⁵1990 bzw. Verena Kast, Trauern. Phasen und Chancen des psychischen Prozesses, Stuttgart 1982.

[29] Der Text der Rede findet sich online auf www.friedenspreis-desdeutschen-buchhandels.de.

[30] Vgl. Johann Wolfgang Goethe, Prometheus, in: ders., Werke, 1. Band, Gedichte. West-östlicher Divan, Frankfurt a.M ⁶1989, S. 68.

[31] Marianne Gronemeyer, Das Leben als letzte Gelegenheit. Sicherheitsbedürfnisse und Zeitknappheit, Darmstadt ⁵2013.

[32] Günther Eich, Wacht auf (1950), online: www.deutschelyrik.de/wacht-auf.

[33] Vgl. Friedrich Schleiermacher, Kurze Darstellung des theologischen Studiums zum Behuf einleitender Vorlesungen. Kritische Ausgabe von Heinrich Scholz, Darmstadt 1969, §§ 196ff., S. 74ff.

[34] Vgl. dazu Jan Hermelink, Ingrid Lukatis, Monika Wohlrab-Sahr (Hg.): Kirche in der Vielfalt der Lebensbezüge. Bd. 2: Analysen zu Gruppendiskussionen und Erzählinterviews. Die vierte EKD-Erhebung über Kirchenmitgliedschaft, Gütersloh 2006.

[35] Marie Luise Kaschnitz, Ein Leben nach dem Tod, aus: dies., Kein Zauberspruch, Frankfurt a.M. 1976, S. 119f.

[36] Vgl. zu den Ambivalenzen von Empathie, der dualen Narration und dem Ansatz einer narrativen Empathie insgesamt Fritz Breithaupt, Die dunklen Seiten der Empathie, suhrkamp taschenbuch wissenschaft 2196, Berlin 2017.

[37] Der Impuls fußt auf einer Predigt in der Darmstädter Stadtkirche im Rahmen einer Gottesdienstreihe währen der Passionszeit 2019.

[38] Oscar Wilde, The Picture of Dorian Gray, London 1913, chapter 2, S. 29: „The true mystery of the world is the visible, not the invisible". Online: https://celt.ucc.ie//published/E850003-001/index.html.

[39] Vgl. Disputatio pro declaratione virtutis indulgentiarum, WA I, S. 233–238. Online deutsch: www.luther.de/leben/anschlag/95thesen.

[40] So im 34. Gesang der Divina commedia; vgl. Dante Alighieri. Commedia. In deutscher Prosa von Kurt Flasch, Fischer Klassik, Frankfurt a.M. ²2017; eine eindrückliche bildliche Darstellung aus dem 14. Jahrhundert findet sich im Wikipedia-Artikel „Göttliche Komödie".

[41] Walter Jens, Der Fall Judas, Stuttgart 1975.

[42] Amos Oz, Judas. Übersetzt von Mirjam Pressler, Berlin 2015; ders., Jesus und Judas. Ein Zwischenruf. Übersetzt von Susanne Naumann, mit einem Nachwort von Rabbiner Walter Homolka, Ostfildern 2019.

[43] Marc-Uwe Kling, Die Känguru-Chroniken. Ansichten eines vorlauten Beuteltiers, Hörbuch, Berlin 2009.

[44] Vgl. zum Folgenden die Wikipedia-Artikel zu „Experte" und „Laie".

[45] Vgl. dazu Frage 31–32 des Heidelberger Katechismus, in: Evangelisches Gesangbuch. Ausgabe für die Evangelische Kirche in Hessen und Nassau, Frankfurt a.M. 1994, Nr. 807.

[46] Vgl. Friedrich Ernst Daniel Schleiermacher, Praktische Theologie nach den Grundsätzen der evangelischen Kirche im Zusammenhang dargestellt, Sämmtliche Werke. Abteilung 1: Zur Theologie, Bd. 13, Berlin 1850, Berlin/New York 2018, S. 44ff.

[47] Vgl. Oscar Wilde, Eine Frau ohne Bedeutung. Gesellschaftskomödie in vier Akten, Stuttgart 2000, Akt. 2. Im Original ders., A Woman of No Importance, 1893: „Nothing is so aggravating as calmness."

[48] Vgl. zum Folgenden Thomas Strässle, Gelassenheit. Über eine andere Haltung zur Welt, München 2013.

[49] Vgl. Thomas Strässle, ebd., S. 13f.

[50] Zitiert nach Thomas Strässle, ebd., S. 38: „Man muss gelâzen hân, will man gelâzen sîn."

[51] Vgl. dazu den Wikipedia-Artikel zur Legende. Online: de.wikipedia.org/wiki/Augustinus_und_der_Knabe_am_Meer.

[52] Vgl. meine Predigtmeditation zum 13. Sonntag nach Trinitatis, Markus 3, 31–35, in: Petra Bahr (Hg.), Denkskizzen. Zu den Predigttexten der sechs Perikopenreihen, Bd. 1, Stuttgart 2018, S. 241–243.

[53] Vgl. Friedrich Schiller, Ode „An die Freude", 2. Fassung von 1808, online: www.friedrich-schiller-archiv.de.

[54] Vgl. Marius Müller-Westernhagen, Freiheit (1987), wegen seines Erscheinungsdatums oft als eine der Hymnen der Wiedervereinigung bezeichnet. Text online: www.songtexte.com.

[55] Vgl. Faz, 23. Mai 2019. Online: www.gresser-lenz.de/witze-archiv.

Dr. Thorsten Latzel, geb. 1970 in Biedenkopf, war Vikar in Rodenbach und Pfarrer in Erlensee bei Hanau. Von 2005 bis 2012 war er als Oberkirchenrat der EKD für Struktur-/Planungsfragen zuständig und leitete dort das Projektbüro im Reformprozess. Seit 2013 ist er Direktor der Evangelischen Akademie Frankfurt. Thorsten Latzel ist verheiratet, hat drei Kinder und lebt in Darmstadt.